東大式習慣

「ゲーム化」で
ラクラク身につく
〈最強の効率術〉

西岡壱誠

扶桑社

はじめに

「『ゲーム』という『型』に習慣を落とし込む『東大式』を身につけると、誰でもあらゆる効率が爆発的に向上する！」

本書は、このテーマのもと「東大式習慣」をみなさんにお話しして、この本を読んだ人が、より効率的な行動を取れるようにご説明していくものです。

でも、みなさんの中には、こうツッコミたい人がいるのではないでしょうか。

「いや、ただの大学生がなんでそんなこと言えるんだよ⁉」

「『誰でも』って言うけど、お前、東大生だろ？　もともと頭がいい人にしかできないもんじゃないの⁉」

お気持ちは痛いほどよくわかります。が、しかし大丈夫です。まったく問題ありません。なぜなら僕は、もともと偏差値35のゲームオタクで、２浪してなんとか東大に合格した、いわゆる「ナチュラルボーンな東大生」ではない人間だからです。

この「東大式習慣」は、そんな合理的でも論理的でもない僕が、合理的で論理的な東大生に追いつくために作った効率化のメソッドなのです。

僕がなんとか2浪して東大に入ったころの話です。多くの東大生と絡む中で、めちゃくちゃ劣等感を覚えるようになりました。

なぜなら彼ら彼女らは、常にとても合理的で効率的なんです。たとえば、東大生の中でも本をたくさん読む人とそれほど読まない人とにはっきりと分かれます。でも、本を読まない東大生もすごく豊富な知識を持っていまです。

その中の一人に聞いてみるとネット記事の中から自分が今、読むべき記事を効率的にピックアップする仕組みを作っていると言います。また別の人は、本の要点のみをまとめたサイトを利用して、まるまる一冊読まずにして読書家にも負けない知識量をどんどん貯めているのだそうです。**「費用対効果的に、1冊を読む時間の100分の1で読めるネット記事のほうが効率的に情報を得られるじゃん？」**なんて語っていました。

また、東大生には3000字のレポートを書くのに1時間かからない人がたくさんいます。そして、そのレポートを読ませてもらうと**「完璧」なものではないけれど、要点だけ**

はきちんと押さえられている。「完璧なレポートを書く必要がないのなら、それに何時間もかけていられないよね。それよりも、要点だけきちんと絞って書いたほうが単位はもらえるだろうし」と、驚くべき速さでレポートを仕上げるその東大生は教えてくれました（もちろん、その人は宣言通り、本当に単位を獲得していました）。

さらに最も象徴的なのは「テスト勉強」です。テスト勉強の効率がまったく違います。世間一般のイメージのように**「全体を網羅するために一生懸命勉強する」ということをする東大生はほとんどいません。**その代わりにほとんどの東大生はノートや過去問、試験情報を共有し、試験対策のプリント作りや授業の録音などをほかの学生と分担して行い、「最小限の努力で最大の結果を出す」ということをごく自然にやっています。

言い換えれば、全然授業には行ってないのに、まったく勉強してないのに単位だけはうまく取る、ということができる東大生が多いということ。**「単位を取る」という目的のため、最も効率的な手段を考えて、それを実行することができているわけです。**

そのための手段は選びません。先ほどの「プリント作りや録音の分担」なんて、考えてみればすごく効率的ですが、普通はなかなか実行できません。でも、彼ら彼女らは迷うことなく実行できる。「それが効率的ならば」と迷わず実践するのです。

大学に入りたての頃、とても成績のいい先輩に「今度の経済学の試験で、いい点を取るためにはどういう参考書を買えばいいですか？」と質問したことがありました。「それだったらいい本があるよ！　これ、すっごく勉強になるし、わかりやすいんだ！」と言って先輩が教えてくれた参考書のタイトルは、『落ちこぼれでもわかるミクロ経済学の本』でした。「えっ、この本⁉　もっと硬い本じゃなくて⁉」「この本で、本当に東大の授業でいい点が取れるのか⁉」と疑問に思いつつ読んでみると、確かにすごく勉強になるし、わかりやすい。実際、その本のおかげでテストで僕はかなりいい点を取ることができました。

その瞬間、僕は悟りました。

「ああ、やっぱり東大生は、こういう合理的で論理的な行動を日常的に行えるから東大生になれたんだ。『目標を定めて、それに沿ったより効率的な手段を自ら選び、実行する』。

そういう習慣が身に付いているから東大入試を突破することができたのか」と。

実は、東大入試自体も「合理性・論理性」を問う問題になっています。

「え？　東大入試って、たくさん暗記できるかどうかで合否が分かれるんじゃないの？」「合理性とか論理性とか関係なくない？」と思う人もいるでしょうが、実はそれは間違いです。なぜかというと、東大の入試問題は「知識量」を重視しないからです。

「東大の入試問題は、『知識量』ではなく『知識の運用能力』、つまりは知識をうまく運用できるかどうかを問うものです」

これは、東大の入学式で東大の総長が毎年で東大生に語る言葉です。この言葉通り、東大の入試問題は知識そのものを問う問題はほぼありません。論理的思考力や合理的で柔軟な発想力がないと解けない問題ばかりなのです。

ＡＩが台頭し、知識量があるだけでは太刀打ちできない時代がもうすぐそこまで迫っています。その中でも価値を発揮できる存在になるためには、「知識量」ではなく「いかにうまく知識を活用するのか」が重要です。だからこそ東大は、「頭がいい」とか「記憶力がある」では受からない、合理的で論理的な思考ができる人間を評価しています。

僕も、この入試問題を解けるようになるのに超苦労しました。なぜなら頑張ってもどうしようもない範疇にある問題が存在しているんですからです。でも、東大生の多くは、僕が解けるようになるまでに3年かかったそれらの入試問題を、1年で解けるようになったのです。そりゃ、効率的な行動が当たり前のようにできる人が多くて、当然といえば当然です。

僕には、東大生の習慣をマネすることはなかなかできませんでした。でも、それではいつまでたっても東大生に負けたままです。では、どうすればいいか？　考え抜いた末の答えは、こうでした。

「マネできないなら、エッセンスだけを抽出して、簡単なものに作りなおしてみよう！」

そう考えた僕は、自分の大好きな「ゲーム」と組み合わせて、「誰でも簡単に効率的に行動・思考ができるようになる習慣」を研究していくことを決めました。

その名も、**「ゲーム式習慣術」。**

これは、僕が偏差値35から偏差値を爆上げするために頑張っていたときの経験を活かしつつ、出会った東大生の習慣や思考を研究した末に作った「誰でも実践できる楽しい習慣術」です。**日常の何気ないことをゲーム化することで、効率的な行動が取れ、そして論理的な思考力が身につく。**それこそが、元偏差値35の落ちこぼれだった僕が試行錯誤の末に編み出した「東大式習慣」なのです。

僕自身この習慣を身につけ、ほかの東大生に負けないくらい効率的に行動することができるようになりました。後輩に「こうすれば最小限の努力量で結果が出せるよ!」とレクチャーしたり、「こっちのほうが効率的じゃないかな?」と意見する機会が徐々に増えて、その甲斐あって東大生の団体の長をいくつも務めています。先ほど申し上げた「テスト対策」についても、周りの東大生から「コイツに聞けばたいていのテスト対策はなんとかなる」という評価をもらっています。今回、本書で紹介する習慣により、ほかの東大生の高い効率性に追いつくことができたのです。

さあ、この「東大式習慣」、みなさんも試してみませんか？　イギリスの詩人ジョン・ドライデンは**「習慣が人を作る」**と言いました。**習慣的にやっていることによって私たちは形作っているのだから、人を変えるには習慣から変える必要**があるという意味です。「習慣を変えるだけで、そんなに劇的に変化するの？」という人もいるかもしれませんが、まずは身の回りのことから実践することで結果的に自分を大きく変えられるようになると僕は確信しています。

『ドラゴンクエスト』シリーズのゲームデザイナーの堀井雄二さんは「人生はロールプレイング」だと言いました。ゲームも人生も、舞台の上で自分の役割を演じて世界を動かしていくという点で一致しているのだから、人生も自分が動かなければ世界も動かない、という意味です。

まずは自分が動いてみませんか？　**ゲームも人生も、自分が行動しなければゲームはスタートしません。**ぜひ、この本を読んであなたの人生を劇的に変える習慣をスタートしてみてください！

目次

○なぜ「東大式習慣」は効率的なのか

では、実際に「東大式習慣」を紹介していきたいのですが、その前に、どうして「東大式」ならば、効率的な行動が取れるのかについて説明させてください。

僕は東大に入ってから3年間、300人以上の東大生と語らい、その思考パターンを観察してきました。その中で気がついたのは、東大生は誰もが「目的意識がしっかりしている」ということでした。一冊の本を読む際でも決して「なんとなく」ではなく、「こういう知識が得たいから」といって本を選び、その目的のために読む。がむしゃらに勉強するのではなく、「どののテスト」で「何点取りたいか」を明確に定めて、そのために勉強する。そして、その目的を達成するために、時間制限を設けたうえで、戦略と手段を考えていく。だからこそ効率的な行動が取れるのです。

僕がこの事実に気付いたときに感じたのは、「これってゲームみたいだな」ってことでした。みなさんは、ゲームとはどのようなものだと思いますか？　幼い頃から、そして大人になってからも、人はさまざまなゲームで遊びます。「ルールを決めて、勝敗を付ける」。この2つの条件がクリアされていればなんでもゲームです。「どうすれば勝ちなのか」をしっかり認識して、与えられたルールの中で最善を尽くすことで「勝ち」を取りにいく。これこそがゲームにほかなりません。「勝つ」という「目的」の中で最善を尽くすのが、ゲーム。そう考えると、東大生が行動パターンってかなりゲームに近いと思いませんか?

日常生活を普通に生きていても「目的」を持つのはとても難しいです。しかし、**「ゲーム」だと考えることによって、東大生の「習慣としてやっているように目的を明確化し、効率的な行動」を、年齢や立場を問わずに誰もが取ることができるようになります。**「それならもう日常生活自体を『ゲーム化』すればいいんじゃないか?」。そう考えてできたのが、この「東大式習慣」です。

「日常生活を『ゲーム化』するって言ったって、普段の生活はゲームとはほど遠いじゃないか」。そう思う人もいるかも知れません。しかし、「目的の中で最善を尽くすのがゲーム」だと考えると、日常生活のあらゆる場面をゲームととらえることは決して不自然ではありません。

与えられた条件の中で最善を尽くし、自分の決めたゴール（目的）に向かって走っていく。「社会規範」というルールの中であれば、どんな仲間を作ってもいいし、どんな道を通ってもいい。そんな自由度の高いゲームが僕たちの毎日には無数にあります。意識していようがいまいが、日常生活の中には本当に多くのゲームが存在しているのです。

「ゴール」や「目的」は、人によって、またゲームによってそれぞれです。「家族との幸せ」「健康な生活」がゴールな人もいれば、「会社での出世」「社会貢献」がゴールな人もいるでしょう。「お金」とか「金メダル」とか、そういう「モノの獲得」がゴールな人もいるかもしれません。

ただし、絶対に忘れてはいけないのが、この**「ゴール」を設定しているか設定していないかは、結果に大きな差を生んでしまうということ**です。具体的な勝利条件、ゴールの設定をしている人のほうが絶対に結果が出るのです。

たとえば、僕は東大に合格したいと考えたときに、はじめは目標点数とか大学の合格最低点とかを見ないで、ただただがむしゃらに勉強していました。しかし、それでまったく成績が伸びませんでした。繰り返しになりますが、東大生の多くはそういったがむしゃらな勉強をして、合格したわけではありません。**先に「これくらいの点数をテストで取ろう」とか「この点数を取れば合格できるはず」という「具体的な勝利条件・ゴール」を設定し、そこに向かって、何よりも効率を重視して勉強します。**

そうすることにより、ゴールと現在地との距離を考えた上での最短距離を進めるのです。「点数が取りやすいこの問題を毎回、間違えている。ここを重点的に勉強すれば目標にぐっと近づく！」と効率的に考えて行動する。勉強しても成績が上がらない分野ははじめから切り捨てるので、無駄な勉強に時間をかけることがない。がむしゃらに勉強している人よりも何十倍も効率がよく、だからこそ短い勉強時間でも効果が出る。こんなふうに「具体的なゴール」を設定すれば、人はより効率的な行動ができるようになるのです。

また、思考にも一貫性が生まれます。なぜなら「今、自分が何をやっているのか」が、ちゃんと認識できるようになるからです。「今、自分はこの目的のために、こういう行動を取っているんだ！」ということが理解できれば、次にどういう行動を取るべきかも、自然と自分でわかるようになります。そうして論理的に物事を組み立てることができるようになるのです。つまり、**ゴールを認識して設定すれば、おのずと効率的な思考や行動をすることができるようになるというわけです。**

本書で紹介する「東大式習慣」は、これを徹底的に利用します。日常におけるさまざまなタスクをゲーム化して、「どうすれば勝ちなのか」を自覚的かつ積極的に決める。そうすることによって、効率的にその「勝ち」を取りにいく。「目標（ゴール）」を具体的に設定することで、少ない労力で「目標（ゴール）」の達成を実現するというものなのです。

そして、**これは勉強だけでなく、仕事でも応用できると僕は自信を持ってお伝えできます。物事を効率的に進めるための習慣さえ体得できれば、実際に行うことは試験だろうが、ビジネスだろうが応用はいくらでも可能です。**実際に僕は漫画『ドラゴン桜2』の制作にかかわらせてもらったり、複数の学生団体の代表を務めたりといった活動も執筆と並行して行っていますが、そのような場面でも、本書でお伝えする習慣は大いにその真価を発揮してくれています。

この勝ちパターンを応用し、どんなものにでも「東大式」を適用することができるようになれば、無駄なことをすべて排除できます。効率的ではない行動をやめて、本当に意味のある行動だけを実践することができるのです。端的にいえば、結果が出ます。最短距離で目標を達成できるようになり、思考が深くなり、早く結果を出せるようになるというわけです。

そして、「東大式」は、実践すれば実践するほど合理性・論理性が身につきます。多くの場合、合理性や論理性が身につかないのは「型」を知らないからです。「じゃあ、明日から合理的に生きられるように頑張って！」と言われてもほとんどの人は不可能ですよね？　それこそ、そんなのは「合理的」じゃありません。しかし、「こうすれば、『合理的』なんだ！」と体感できれば、それを応用してどんどん新しいことを合理的にすることができる。「東大式」は、そんな「型」になるのです。

「これが合理的！」「こう考えるのが論理的！」という「型」が自分の中に作られてきて、その「型」に当てはめてさまざまなことを効率的に進められるようになるのです。「東大式」は、こんなにたくさんのメリットがあるのです！

○この本の使い方

さて、この本を書くにあたって、僕は1つの「ゲーム」を設定します。

ゲームクリアの条件はただ1つ。「この本を読んだ人が、「東大式」を実践できるようになること」です。みなさん全員がこの本を読んで「東大式」を実践できるようになり、それによってみなさんが効率的な思考・行動を取れるようになること。これこそが、この本の目的であり、ゲームクリアの条件です。

そのために、「東大式」を体得するための極意5つを紹介していきます。

① ゲームで必要な「ルール」を決めるための極意

② ゲームを駆使して自分を「レベルアップ」させるための極意
③ ゲーム内で上手に「キャラクター」を使うための極意
④ ゲームクリアのために「ウラ技」を用意する極意
⑤ ゲームクリアのために「大逆転」の生み出す極意

さらに5つの極意を、それぞれ「解説」「ポイント」「ゲーム」という3つのステップに分けて、伝授していきます。

解説 **その極意がどう効率的習慣につながるかを説明**
ポイント **その極意を実際に取り入れていくために要点を案内**
ゲーム **ゲームの実例を通じて、具体的な実践方法を紹介**

この5つの極意を使いこなせば、どんなことも「ゲーム化」でき、それが日常生活を最大限、効率的に過ごすための強力な武器となり、タスク処理能力も格段に上がります。

繰り返しになりますが、人生はゲームの連続です。入試・資格試験・読書・コミュニケーション・スポーツ・恋愛……すべてはゲームだと考えられますし、またゲームだと捉えたほうがうまくいく場合が多い。ゲーム化したほうが効率的な習慣が身につき、結果が出るのです。だからこそ、僕はみなさんに「東大式」を実践してもらいたいのです。

僕自身のゲームの目的は、先ほど言った通り、「みなさんが『東大式』を実践できるような本」を書くことです。だからみなさんもぜひ「この本を読んで、『東大式』を実践できるようになること」を今回のゲームの目的にしてみてください！

極意 1

最初に「ルール」を設定する

とにかく「ルール」を決めてしまおう。「ルール」を決めれば、生活のすべては「ゲーム」にできる！

「日常のすべてをゲーム化する」。

先ほど「人生はゲーム的だ」とお話ししましたが、「それでもやっぱりハードルが高い！」と感じる人もいると思います。たしかに食事をしたり、シャワーを浴びたり、電車に乗ったり、本を読んだり、そんな日常をゲーム化することなんてイメージしにくいですよね。でも、ゲーム化することは実はとても簡単なんです。「ルール」さえ決めてしまえば、もうそこからは「ゲーム」になります。

たとえば、朝ごはんを食べるとき、「食事の間中に、このあとの食事で1日30品日を実現するためには、昼ごはんにはどこのお店で何を注文すればいいのかを決められればゲームクリア」とすれば、「1日30品日チャレンジゲーム」の完成です。「食事の間で、今日の出来事をすべてシミュレーションして、準備が不足していることを発見できればゲームクリア」と決めれば、「1日の出来事シミュレーションゲーム」を楽しめます。

また、僕は夜にシャワーを浴びるときには、必ず「今日のコミュニケーション復習ゲーム」をします。「シャワーを浴びている間に、今日の自分の会話を思い出して、うまい返しができたかどうか、反省点を洗い出せればゲームクリア」というゲームです。こんなふうに**「ルール」を決めれば、なんでもゲームになる**のです。時間を無駄にすることなく、合理的な行動を取ることができるようになります。

決めるべき「ルール」は2種類あります。1つは、「食事の間に」「シャワーを浴びている間に」というような**「制限」**です。もう1つは、「昼ごはんにどこのお店で何を注文すべきか決められればクリア」「反省点を洗い出せればクリア」というような**「勝利条件」**です。サッカーでいえば、「90分以内に」とか「手を使ってはいけない」とかが「制限」、「相手より得点したほうの勝ち」というのが「勝利条件」ということになります。

「制限」は、「電車に乗っている間に」とか「本を読んでいる間に」とか「明日1日の間に」とか、日常を適当に切り取ればすぐにできてしまいます。

また、「勝利条件」は「自分がやりたいこと」「やっておいたほうがいいと思うこと」を「制限」との兼ね合いの中で考えればいいわけです。そして、その「勝利条件」がクリアできなかったら「ゲームオーバー」、つまりは「負け」と考えておけばいいのです。それで「敗北条件」も自動的に決まります。**どういう「制限」があって、どうすれば「ゲームクリア」で、どうなると「ゲームオーバー」なのか？**　この3点が定まっていればゲームは成立します。「ゲーム式習慣術」の完成です。

はっきり言いますと、「ゲーム式習慣術」はこれさえ押さえておけば、なんでも「ゲーム化」できる、すごく簡単なものです。ここから先は、どうすれば「より効果的なゲームが作れるのか？」「より楽しいゲームが作れるのか？」「うまくゲームが作れるのか？」がメイン。この極意が大前提となって、すべてのゲームが作られるのです。

ただし、「ゲーム化」はより賢く日常生活を過ごすための手段であり、それ自体が目的ではありませんのでご注意ください。その点を踏まえたうえで、次ページからはより「ゲーム化」をうまく使うための3つのポイントをご紹介します！

極意①の大原則

『制限』と『勝利条件』を決めれば、どんな習慣からもゲームが作れる！

ポイント①

「3分ルール」と「1週間制限」

「『制限』と『勝利条件』を定めればゲームを作れる」。

これがゲーム式習慣術の大前提なわけなのですが、なんでも「制限」を加えればいいというわけでも、なんでも「勝利条件」にしていいというわけでもありません。**いいゲームにするためには、最適な「制限」と、わかりやすい「勝利条件」が必要なのです。**

「勝利条件」についてはポイント②でご紹介するとして、最適な「制限」とは、いったいどのようなものなのでしょうか？

たとえば、みなさんは時間制限が24時間まる1日のバスケとか、楽しいでしょうか？ 100イニングスの野球とか面白いでしょうか？ 1分だけのサッカーとか見たいでしょうか？ バスケは40分だから、野球は9回までだから、サッカーは90分だから面白いのであって、極端に短かったり長かったりしてもよくありません。

「長すぎず、短すぎず」。当たり前のことですが、最適な「制限」とは「長すぎないし、短すぎない」ものなのです。そして、この「長すぎない」ための条件が「1週間制限」、「短すぎない」ための条件が「3分ルール」です。

まずは「1週間制限」から見ていきましょう。これは、「どんなゲームも1週間以上はかけない」というものです。

「ゲームを始めた日」と「ゲームが終わる日」に、1週間以上の間を設けないようにするのです。**どんな仕事も課題も1週間以上かけてしまうと億劫になり、達成が難しくなります。1週間以上時間があってしまうと、「いつから動き始めればいいか」がわからなくなってしまいます。**

たとえば、夏休みの宿題を、「夏休みはまだあるからいいや」と放置し続けて、8月31日になって泣きを見る……という経験をしたことがある人が多いのではないでしょうか？

これは「夏休みの宿題を終わらせようゲーム」の制限時間が「1か月以上」もあったので、「いつからやればいいのか？」がぼやけてしまったことが敗因です。

では、夏休みの宿題のように、制限時間が1週間以上になりそうなものはどうすればいいのか？　それは、「分割」すればいいのです。

「1か月のうちの、いつから始めてもいつ終わらせてもいい」となるから先にやってしまったり、残してしまったりする。それを、「1週間でこれくらい終わらせて、次の1週間でこれくらい終わらせて……」と1週間ごとにゲームを分割すると、「ちゃんとゲームをクリアしなきゃ！」という意識が生まれて、分割しない場合よりも確実にゲームがクリアできるようになるのです。

なぜ人は1週間以上だとクリアできなくなるのかというと、「**具体的な目標設定ができなくなるから**」です。

たとえば、受験において一番失敗しやすいパターンは、「なんとなく志望校を決めてがむしゃらに頑張る」です。「とりあえずこれくらい勉強しておけば合格するだろう」「塾に行ってるし、受かるだろう」と考えている受験生は痛い目を見る場合が多いんです。

なぜなら、「なんにも具体的でないから」。受験というのは半年～1年以上の長期戦になる場合が多いですが、「がむしゃらに頑張る」という人は、1年先にどれくらいの学力が必要かとか、試験で何点取れれば合格なのかとか、そういうことがまったくわからない状態で勉強することになってしまいます。

逆に**合格しやすい受験生というのは、きちんと短期・中期・長期の目標が具体的に立てられる人です。**「受験本番では、英語長文がメインの試験で7割取れなきゃならないんだから、今は長文読解のための英単語力をつけて、今度の試験までに5割取れるようになろう！」と、ゴールから逆算した具体的な目標設定ができる学生が合格するのです。

「具体的な目標設定」のために大切なのが、「分割」なのです。ただただ漠然とした長期的な目標を持つのではなく、その長期的な目標を「分割」する。これにより、**漠然とした目標ではなく「具体的に来週までに何をしなければならないのか？」がわかり、効率よく目標達成のための行動をとることができるのです。**

そして、「制限」が1週間であることにも意味があります。1週間だと、「来週までに」と期限を意識しやすいのです。逆に1週間以上かかるとなんとなく人は億劫に感じてしまいがち。1つのゲームで同じ曜日を2回以上体感してしまうと、「先週も同じだったな」という感覚が生まれ、なんとなく「ダレて」しまうのです。

僕も経験があるのですが、たとえば「本を読もう！」とか「英単語を覚えよう！」とか目標を立てると、最初のうちはやる気が持続して頑張れるのですが、だんだんとペースが落ちていって、結局終わらないままに次に行ってしまう……ということって結構ありませんか？　いわゆる「三日坊主」というものですね。1週間制限は「三日坊主」の防止につながります。三日坊主が発生する原因は「終わりが見えないから」です。たとえば「1週間でやるぞ！」と決まっていれば、3日経っても「よし、あと4日間か！」とやる気を持続させることができます。**1週間で一区切りにして次の新しいことに挑戦するようにすればダレてしまうこともありません。**

なので、ゲーム時間は「1ゲーム1週間以内」と決めておきましょう。そうすることで、ダレずに具体的な目標設定ができるようになります！

そしてもう1つ、適切な「制限」を作るために必要なのが「3分ルール」です。制限時間が3分未満のゲームと、3分以上のゲームとでは、大きな違いがあります。それは、「集中力」です。

人間の集中力は、全神経を1つのものに本気で集中させた場合、持続するのは「3分間」だと言われています。「たったそれだけ？」と思うかもしれませんが、実際にやってみるとわかります。どんなに「集中しよう！」と気を張っていても、5分も経つとほかのものに、つい気が散ってしまいがちです。つまり、3分未満のゲームなら集中できるけれど、3分以上のゲームだと集中力がなかなか持続しない、ということです。この性質を利用するのが、「3分ルール」です。

「3分ルール」とは、「3分間で終わるゲーム」はすぐにスタートし、それ以外は後に回すいうものです。

「メールを送る」「店の予約をする」などの小さいタスクは、時間を測って3分以内に確実に終わらせるのです。3分以内でも終わるゲームは、ダラダラとやってしまうと5～10分かかってしまいがちです。ちょっとメールを打つはずが、いつのまにか10分経っていた……なんて経験、みなさんもあるのではないですか？

そこで、3分で終わるものはしっかり「3分」と決めてやってしまう。3分以上かかりそうなものは、すぐにはやらないで残しておき、時間を測らずにじっくりやってみる。そうやって「3分」を境目にゲームの制限時間を分ける。これが「3分ルール」です。

最大限、効率的にタスクをこなしていくため、「3分間」でできることはその場ですぐやってしまい、それ以上かかるものはじっくりやる。ただし、「ゲームを始めた日」と「ゲームが終わる日」の間に1週間以上の間を設けないようにする。こういう時間制限を設けることで、この習慣の効果はより発揮されるようになるのです！

ポイント② ゲームクリアとゲームオーバーは「一言で」決める

さて、ポイント①で「制限」についてご説明しましたが、今度はもう1つのルール、「勝利条件」についてのお話です。みなさんは、どんな「勝利条件」が望ましいと思いますか？

サッカーや野球、バスケは「相手より点数が多ければ勝ち！」、ババ抜きやUNOは「先に手持ちカードがなくなったら勝ち！」ですね。将棋やチェスは「王を取ったら勝ち！」、受験は「合格点以上なら勝ち！」。**古今東西、ゲームというものは「○○したら勝ち！」というのがわかりやすく作られています。**

いったいなぜなのか？　それは、「具体的でわかりやすいほうが熱中できるから」です。

将棋で「歩を全部取るか、または王と飛車と角と桂馬を取れば勝ち！」なんて具合にわかりにくい勝利条件が設定されていたらどうなるでしょう？　何をしていいのかわからなくなってしまいます。「歩を取ればいいんだっけ？　王を取ればいいんだっけ？　何を狙えばいいんだ？」と。これではゲームに熱中できませんよね。

実は試験に関しても同じことが言えます。試験って、「何点取れば勝ち！」とか、「この問題で30点取れば勝ち！」とかが全然明確じゃないことが珍しくありません。なので、受けるほうも「なんかいい点取りたいな」と考えがちで、具体的な点数の基準がない場合が多い。「合格不合格」がはっきりしている試験もありますが、それ以外の場合だと「なんとなくいい点取りたいな」というくらいふわっとした目標になりがちです。だからこそ「でも、そのためにどんな勉強すればいいんだ？」と集中がしにくくなる。試験は勝利条件がわかりにくいから、多くの人が挫折しがちなのです。

自分も現役で東大を受験した際も一浪した際も、具体的な点数目標を作っていませんでした。「一生懸命勉強さえすれば、点数が取れるんだろう」というような気持ちで受験してしまい、そのせいで不合格になってしまいました。でも、2浪してきちんと自分の点数の目標を設定したことで、目標が明確になって「これくらいの点数が取れるように、この分野の勉強をしよう！」と勉強に身が入り、成績をあげることができるようになったのです。

仕事においても同様のはずです。「売上高」なのか、「お客さんの人数」なのか、「納期」なのか、その業務における達成すべき「勝利条件」が明確であればあれば、仕事はより効率的に行えるのではないでしょうか。

ゲームにおいて必要不可欠なのは、明確でわかりやすい「勝利条件」なんです。「ゲームクリア！」「ゲームオーバー！」が見えやすくてわかりやすいほうが熱中できるんです。

「これってゲームクリアかな？　ゲームオーバーかも？」とゲームが終わった後にボヤけてしまうような状態では、ゲームに熱中できません。試験が返ってきたときに、「うーん、まあ、いい点数……かな？」とボヤッとしているようでは、目標も何もないので成績は上がりにくいです。きちんと、「よし、目標点数の70点を超えたぞ！」と具体的な目標が定まっているほうが、勉強にも身が入って成績が上がりやすい。それと同じように、「これでゲームクリア！ 目標達成だ！」と一言で言えるようになっていれば、回り道をしないで済みます。

また、それだけではありません。**明確でわかりやすい「ゴール」の設定は、「戦略」を立てることを可能にします。**

たとえば、「70点だったら、こういう問題で点数が稼げるようになっていないとダメだな！」とか、「70点なら、30点分は落としていいんだし、この問題は後回しでいいや！」とか、ゴールから逆算した戦略を立ててゲームを進めることができるようになるのです。この「ゴールから逆算して戦略を立てる」というのは、東大生だったらほとんどの人が実践している基本的にメソッドです。

信じられないかもしれませんが、東大生の多くは大学のテストで「いい点を取ろう！」とは考えていません。「最小限の努力で単位を取ろう！」と考えている人がすごく多いのです。だから彼らは、おかしなことに聞こえるかもしれませんが、**単位を取れるか取れな**

いかの瀬戸際、ギリギリの点数で単位を取るのがめちゃくちゃうまい。

「あと1点で単位が取れなくなる点数」で合格する人間がかなり多いのです。それは、勉強していない学生が多いのではなく、「単位が取れればいい」と思っている東大生が、単位が取れるギリギリの点数をゴールに逆算して戦略を立てているからです。明確に「単位取得」というゲームの「勝利条件」を設定しているがゆえに、彼らは最小限の努力で「単位」を回収できるのです。わかりやすい「勝利条件」があれば、ゲームに熱中できるし、戦略も立てられるというわけです。

さて、「そうは言っても、どうすればそんな『勝利条件』が作れるのかな？」とお悩みの方もいるでしょうが、そういう時は**「一言で」ということ**を意識してみてください。「○○○○すれば勝ち！」というのを具体的で短い言葉で表現できれば、いい「勝利条件」です。

「アメリカの歴史についてわかれば勝ち！」「あの人と仲良くなれれば勝利！」「70点取れればゲームクリア！」といったふうに単純明快なゴールを設定することを意識すれば、たいてい明確でわかりやすい条件になります。そして、それを「一言で」表現しておけば忘れることもありません。「制限時間」が長いゲームの場合は、スマホのメモ帳にでも書いておけばいいのです。そうすれば、忘れることなく「ゴール」を意識しながら「ゲーム」を実践することができるようになります！

ポイント ③

自分の「手札」は何かこまめにチェック

ここまで極意①とそのポイントを説明してきましたが、勘のいい方はもうお気付きかもしれません。**「ゲーム式習慣術」の本質は、「物事の明確化」**にほかならないんです。

ぼんやりだらだらと時間を浪費しないように明確な「制限」をつける。目標なくだらだらと行動しないように明確な「勝利条件」をつける。そうすることで、ぼんやりしがちな「自分は何をすればいいか？」という「自分の合理的な行動」を明確化する。抽象的でわかりにくいことを、明確化して具体的にする事で、合理的な行動を取る。これこそが「ゲーム化」の一番のメリットなのです！

ポイント①、②では「制限」と「勝利条件」の明確化についてお話ししました。この2つが明確化されていると、ぼんやりだらだら1時間でやっていたことを30分間で集中して実践できるようになれます。何の目的もなくやっていて結局、何も得られないということがなくなり、ひたすら目的のために結果を出せるようになれます。「時間」と「目的」が明確になったわけです。

そして、この2つが明確になっていると、もう1つ明確化できるものが出てきます。それは、「自分の行動」です。どういう行動を取れば合理的で、どういう選択肢を最小の努力で最大の結果が出せるようになるのです。

先ほどポイント②で、「逆算」の話をしました。「ゴールから逆算して戦略を立てる」ことの重要性は、みなさんもわかってもらえたと思います。これを「制限」の中で、どのように組み立てればいいのかを論理的に考えるのです。

たとえば、「あっ、この問題は配点がすごく高いから、目標の70点を取るためにはここを押さえておこう！」「うーん、この問題は配点が高めだけど、難しいうえに面倒くさいな。この問題以外のところで点数を稼ぐことにしよう！」というふうに、**いかに「制限」の中で「目的」を達成するかを考えていけばいいのです。**

この作業は、カードゲームとよく似ています。カードゲームって、手札があって、その手札をうまく使って相手に勝つものがほとんどですよね？　ＵＮＯや大富豪は、手持ちのカードを適切なタイミングで使って手札をゼロにするゲームですし、ポーカーであれば手札を替えて相手よりいい役を作れば勝ち、ババ抜きであればババを避けながら手持ちのカードの枚数を少なくしていけば勝ちです。これと、「自分の最適な行動を論理的に選んでいく」というのはほとんど同じようなものです。

目標から逆算したときに、さまざまな選択肢が存在しています。東京から北海道まで行こうと思ったときに、選択肢っていっぱいありますよね？　飛行機で行くのもありですし、新幹線を使うこともできます。船で行くこともできれば車で行くこともできます。または、それらを組み合わせて行くことも可能です。それを、「できるだけ早く行かなきゃならないから飛行機で行こう！」とか、「時間に余裕があるから、船でのんびり行こう」とか、「一緒に行く友達が青森も見たいっていうから、青森まで新幹線で行って、そこから船で行こう」とか、そんなふうに選択肢を選んだり組み合わせたりしながら目標を達成させていくわけです。

これは、「飛行機」というカードと「新幹線」「車」「船」というカードがあって、「北海道に行く」という目標を達成するというカードゲームと、とらえることができます。目標が「『楽しんで』北海道に行く」だった場合と「『最短で』北海道に行く」だった場合とで選ぶべきカードは変わってきます。「どれが一番うまく、制限を潜り抜けながら目的を達成できるか？」を考えて、うまくカードを使うことができればゲームクリアです。

このゲームをプレイするために必要なのは、**「自分が持っているカード」を知る**ということです。自分にはどのような選択肢があるのか？　何をすれば目的を達成できそうか？　それをできるだけたくさん思い描くようにするのです。

多くの場合、自分のカードは1枚ではありません。「試験に合格する」という目標のためには「勉強する」というカードしかない、なんて考えてしまっては意味がありません。「試験に合格するために、この試験で70点を取る」という具体的な目標の中で、「1週間後に試験が控えている！」という明確な制限の中で、自分のカードを考えるのです。

「配点が高い長文の問題で50点稼げるようにする」「点数は低いけれど対策が簡単な文法の問題で20点取れるようにする」「あまり得意じゃない作文の問題で30点取れるようにする」とか、**具体的であればあるほどカードの種類はたくさんは思いつく**はずです。ビジネスにおいてもカードをたくさん持っているということはつまり、結果を出すための手段を用意しているわけですから、圧倒的に有利に進められることでしょう。

ゲームをするときに、常にそのカードを意識する。そうすれば、どの選択肢を取るのが最適解なのか、論理的に考えることができるようになるのです。

はじめのうちは、そのゲームで自分が持っている「カード」を紙に書き出してしまってもいいかもしれません。「自分にはこれだけの選択肢があるんだ！」と自分の目で見て確認できる状態からゲームをスタートすると、チョイスを間違えることなく、効率的な行動が取れるようになります。

以上が極意①のポイントでした。ここからは、この極意とポイントを踏まえて、実際にゲームをご紹介したいと思います！

ゲーム① なんでも「ゲーム化」チャレンジ

必要なもの：	**なし**
制限：	**10分間**
勝利条件：	**日常の一部を「ゲーム化」できればゲームクリア！**
こういう人にオススメ！：	**まずは「ゲーム式」に慣れたい人**

極意①では、「ルールを決めれば、どんなことでもゲーム化できる」とみなさんにご紹

介しました。さて、果たしてそれは本当なのでしょうか？　もちろん僕は本当だと思っていますし、だからこそこの本を執筆しています。でも、みなさんがそれを実感できなければ「本当」にはなりません。なので、みなさん、まずは一度ここでゲームをしてみてもらいたいと思います。

その名も「なんでも『ゲーム化』チャレンジ」。

これがクリアできれば、みなさんはどんな習慣でもゲームにできるようになるはずです。ルールはとっても簡単です。

❶ 自分の日常の中の一部を1つ思い浮かべる

朝食でもお風呂でも、歯磨きでも通勤でも、課題でも仕事でも、なんでも構いません。日常的に行っていることを1つを選んでみましょう。

❷ その行為にかかる時間を考える

朝食やお風呂だったら15分とか、歯磨きだったら5分とか、1つの課題なら1時間とか、それにどれくらいの時間がかかるのかを考えてみてください。それがゲームの「制限時間」になります。

❸ その行為の間にやりたいことや、その行為の意味を考える

朝食だったら「朝だし、ニュースを確認したいなあ」とか、課題だったら「できるだけ評価が高いものを作りたいな」とか、そんなふうに「その間にやりたいこと」や「その行為によって実現したいこと」を考えてみましょう。できるだけ具体的に考えるといいと思います。

❹ ❸をもとに、「制限時間」の間にできる「勝利条件」を作ればゲームクリア！

朝食だったら「15分の間だし、5つニュースをチェックできればクリアにしよう！」とか、課題なら「評価がB以上ならクリアにしよう！」とか、できるだけ明確なクリア条件を考えるのです。これで、「制限時間」と「勝利条件」が揃ったので、ゲームは完成です！

★ワンポイントアドバイス！

「勝利条件は一言で」というのは「ポイント②」でお話ししましたが、それに加えてこのゲームでは「数字で」というのを意識してみましょう。「5つ以上」とか「70点以上」とか、可視化できるような、「クリアできた！」「ダメだった！」とすぐに判断できるような勝利条件を持っておくのです。数字ならわかりやすいので、はじめてゲーム化するものであっても「あと1つ足りなかった！」「もうあと3つでクリアだ！」と楽しくプレイできます！

一見、「これは無理だろう」というようなものでも、意外と簡単にゲーム化できるものです。「お風呂に入っている間って15分もあるよな、だったらこの時間で、今日ミスしたことを5つ復習しよう！」とか、「歯磨きの間にも片手でスマホ使えるよな、ニュースを2つくらいならチェックできるかも」とか。こうやって**ゲームをより多く日常生活に適用すれば、自分の人生の中の何もかもを「ゲーム化」することができる**ようになります。

同時並行で、「1日の中で『ゲーム化』できた習慣の数が10個以上あればゲームクリア」というゲームもやってみるといいかもしれません。このゲームを1日10回やるイメージですね。**ゲーム化が自然とできるようになれば、おのずとあなたの行動は効率的に研ぎ澄まされていくはずです。**頑張りましょう！

ゲーム②　電車内で探せ！

必要なもの：**なし**	
制限：**10分間**	
勝利条件：**「電車内でできるゲーム」を考えられればゲームクリア！**	
こういう人にオススメ！：**スキマ時間を有効活用したい人**	

みなさんは電車で何をやっていますか？　通勤通学で電車やバスを使っている人も多いでしょうが、その間って、ぼっーと時間を使ってしまったり、無為にスマホを見て、時間を浪費してしまったりしてしまいがちです。場合によっては、なかなか作業ができないほど混んでいたりするため、人は電車の時間を無駄にしてしまうこともあるでしょう。でも、

よく考えると**電車の時間こそゲームをするには持ってこい**なのです。

まず、電車はあらかじめ「制限時間」が定まっています。駅から駅までの時間はスマホで見ればすぐに調べられますよね？　しかも、通勤通学で使う場合、毎日2回もこの時間があります。日常における最大のスキマ時間だと言っていいでしょう。この時間をゲーム化することができれば、自分の行動をかなり効率化することにができます。

さあ、みなさんも「電車時間の『ゲーム化』ゲーム」をやってみましょう！

❶自分が電車にいる時間を調べる

まずは「制限時間」です。ネットの「乗り換え案内」を使えば、簡単に調べることができます。また、乗り換えをする場合は移動や電車を待つ時間も含めて「制限時間」にしましょう。

❷その間にやりたいことを決める

電車の中でやりたいことを考えるのです。スマホを使って「今日のニュースをチェックしたい！」とか「毎日の日報を作成しておきたい！」などでもいいですし、頭の中で「今日の予定をシミュレーションしたい！」とかでも構いません。

❸ やりたいことをもとに、「勝利条件」が作ればゲームクリア！

やりたいことを、うまく「勝利条件」に当てはめられればクリアです。「日報作成できればゲームクリア！」とか、「スマホで今日のニュースを5件チェックできればゲームクリア！」など、一言で勝利条件を考えてみましょう！

★ワンポイントアドバイス！

「1駅ごとに1つ、明日のプレゼンのアイデアを考える」とか「1駅ごとに今日の反省事項を1つ思い浮かべる」とか、一駅一駅を利用するのも有効です。テンポよくゲームをプレイすることができるようになります！

いかがでしょうか？　意外と簡単にゲームが作れてしまうのではないですか？　**この方法は、車や徒歩など移動のタイミングであればどんなものにでも応用できます。**スキマ時

間の多くに通用するのです！ 僕もこのゲームで、通勤時間をフル活用できるようになりました。そうすると、日々の学習や生活の質が上がります。

ゲームが作れれば、あとはプレイあるのみです。はじめのうちは「あっ、ちょっと条件が厳しすぎるな」とか「もう少しクリア条件が厳しくても大丈夫そう」とか感じるかもしれませんが、その度にゲームをうまく改良していきましょう！ そうすればきっと、スキマ時間を最大限有効に使えるゲームが作れるようになるはずです。

ゲーム
③ 3分間タイムアタック

必要なもの：**タイマー（スマホのタイマー機能でも可）**

制限：**3分間**

勝利条件：**前より早く終わればゲームクリア！**

こういう人にオススメ！：**よりスムーズに物事を終わらせるようになりたい人**

「ゲーム」では、さまざまなものを競います。将棋やチェスは「知力」を、カードゲームは「戦略性」を、サッカーや野球はチームの「総合力」といった具合でしょうか。**ゲームに勝つためには、個人の能力だけでなく、他人との協調性や運なども必要になってきます。**

そして、ゲームだからこそ問える「力」がもう1つあります。それは、「スピード」です。ゲームでは、「時間」を競うこともできます。マラソンやリレーのように「相手より早くゴールに着けば勝ち」というゲームもあれば、テレビゲームや脱出ゲームでも「このステージを早く攻略すれば勝ち」というものもあります。いかに早く1つのゲームを終わらせることができるのかという「タイムアタック」もゲームの1つなのです。

そして、**物事を早く終わらせることというのは、それだけでかなり多くのメリットがあります。**まず、早く終わらせれば、時間が少し浮きますよね。浮いた分の時間をほかのゲームに回すこともできますし、ちょっと休んで英気を養うのもいいですね。時間を有効に利用できるようになるわけです。

さらに、**速度が速いこと自体、人から評価されやすい**です。メールやチャットなどの返信が早い相手とは話が進めやすいですし、課題や仕事を早く終わらせれば、その分「ここ違うよ！」「ここだけ直しておいて！」といったコメントももらいやすくなります。

もちろん早さを求めすぎてクオリティが下がってしまったり、仕事が雑になってしまったりしては本末転倒ですが、それも一旦早く終わらせてから修正していけばいい話。たいていの場合、早いのはいいことなのです。

そこでオススメなのが、この「3分間タイムアタック」！

このゲームを実践すれば、日常生活の速度を上げることができるようになります。ゲームのルールは超簡単です。

❶ ポイント①で触れた「3分ルール」の中で定めた3分以内のゲームにかかった時間を、タイマーを用いて測る

タイマーはなんでも構いません。スマホのアプリでもストップウォッチでも、時間を測れるものならなんでも問題ありません。また、ゲームもなんでも大丈夫です。服を着るとか、メールを返すとか、髪を整えるとか、そういう単純なことで大丈夫です。

❷ 時間を測りながら、3分以内に終わるようにゲームをする

タイマーで時間を測りながら、きちっと3分で終わるように、普通にゲームをプレイしてみましょう。

❸ 時間をメモしておき、次に同じゲームをするときにその時間より早く終わらせられるようにゲームをする

前回より早く終わればゲームクリア！

はじめてゲームをしたときにかかった時間よりも早く終わらせられるように2回目を行い、それよりも早く終わらせられるように3回目を行い、3回目より4回目、4回目より5回目、とどんどん早く終われるようにプレイしていきましょう。より早く終わらせられ

るようにタイムアタックをするのです。

前回は2分半で終わったことを2分に、2分で終わったなら次は1分半で終われるようにどんどん時間を短くしていくのです。このゲームを実践すれば、**日常のちょっとしたことを時間短縮できます。**朝の準備も部屋の掃除もメールの連絡も、昨日より今日のほうが早く、今日より明日のほうが早く終われるようになるのです。

それも、確実にです。ただ漠然と「早くやろう」と考えてもなかなか実践できません。「なんか早く終わった気がするけど……」と達成感も味わえません。それが、「2分以内にやろう！」「昨日より早くやろう！」と目標が数字として明確化されると、「昨日より早くできた！」「惜しい！　前より10秒遅かった！」などと、どんどんレベルアップすることができるようになります！

ゲーム
④ プランBゲーム

必要なもの：**なし**
制限：**10分間**
勝利条件：**「プランB」を思いつけばゲームクリア！**
こういう人にオススメ！：**物事をより戦略的に考える習慣を身につけたい人**

「ゲーム」には、戦略性が欠かせません。ポイント③でも触れましたが、「『勝利』するために自分はいったいどういう行動をすればいいのか？」を常に考え続けるのがゲームです。

しかも、自分の最適な行動というのは、「相手の出方」や「状況」によって変わってきてしまいます。当たり前の話ですが、どんなゲームでも、相手が攻めっ気のある人だろうが慎重派だろうが、ずっと**同じ戦略ばかりを取っていては負けてしまいます。**攻めっ気のある相手ならしっかり慎重に守って、慎重派な相手なら攻めて、といったふうに相手に合わせて戦略を変えていかなければならないのです。

また、「運」が絡んでくることもあります。体調が悪いときにいつもと同じようにゲームをプレイしていては負けてしまいます。その場合にはきちんと体力を温存しながら勝つ方法を模索しなければなりません。

ゲームに勝つためには、「相手」とか「状況」とか「運」といった不確定な要素ともうまく付き合っていかなければならないのです。そして、それこそがゲームの醍醐味と言っていいでしょう。これは、「ゲーム式習慣術」でも同じです。

ポイント③で「手札」＝「カード」の話をしましたが、この「手札」を状況に合わせて使い分けていくことこそが「ゲームクリア」の鍵。手札が1枚しかない人よりも2枚ある人の方が、2枚の人よりも3枚の人の方が、「ゲーム」をクリアしやすいのです。

ゲームクリアの鍵である「手札」をより多く考えるためのゲームが、この「プランBゲーム」です。ルールは次の通りです。

❶ ゲームをするときに、「手札が少ないな」「戦略が1つしかないな」と思ったらゲームスタート！

たとえば、「『長文問題で70点以上取ればゲームクリア！』と考えたときに、『文法問題と作文問題で70点稼ぐ』って考えていたけど、作文問題、結構苦手なんだよな……」といった「1つの手札・1つの戦略しか思いつかなくて、それがダメになったらすぐにゲームオーバーになってしまう」場合にはすぐに実践してみましょう。

❷「手札」が少ないときには、1枚の手札をもっと多くのものに分解してみる

「長文問題っていっても、和文英訳問題も選択式の問題もあるな」とか、「文法問題には○×問題と選択問題の2種類があるな」とか、そういうふうに「1枚のカード」を「多くのカード」に分けてみましょう。「部屋の掃除にも、服の掃除と本の掃除があるな」「プレゼンの準備にもパワーポイントの準備と口頭で発表する準備の2つあるな」というふうに、物事を細分化するのです。

❸❷を踏まえて、もう1つの戦略となるような「プランB」を作り出すことができればゲームクリア！

「1つ目の戦略『プランA』がダメだったときの『プランB』」になるような、もう1つの戦略が立てられればゲームクリアです。「長文問題が難しいときには、その中の選択式の問題だけ点を取って文法問題でも点を取れば、これでも70点になる！」とか、「文法が解けなかったら作文で点を取ろう！」みたいに、「あれがダメならこれでいこう！」を1つでも作り出せればクリアです。

このゲームをクリアすることができれば、「AでダメならBをやろう」「相手がこうだったらこうしよう」というように、柔軟に戦略を立て直せるスキルを手にすることができます。意識して準備する習慣がないと、「1つの戦略」だけで満足しがちです。でも、そうすると、ちょっとした変化や不確定要素に振り回されてゲームオーバーになる場合が非常に多い。「運も実力のうち」なんていいますが、「運が悪いこと」なんてよくある話です。本番は誰だって緊張しますし、人間なんだから体調が悪くなることもある。100パーセントの力を発揮できないことなんてザラにあります。

しかし、大切なのは80パーセントの力でも60パーセントの力でも大丈夫なように準備しておくことです。そうやって**「運が悪い場合」に備えておけば、不思議なことに「運が悪**

い」ということが発生しなくなったりします。「大丈夫、運が悪い場合にも備えてある」と思うことで、精神的な安定が得られて、どんな状況にも冷静に対処できるようになるのです。

さらに、発想力・イメージ力を高めることにもつながります。**いつも1つの選択肢だけに頼って思考を停止させるよりも、『プランB』となるようなものはないか？」を考えて生活したほうが、物事を深く考えることが可能になるのです。**「普段は考えていなかったけど、もしこういうことが起こったら失敗してしまうな」「こうなったときの対処法も考えておこう」と、さまざまなことを考える契機になるのです。

「この案のウケが悪かったら、こっちの案を提示しよう」「ここの宿がダメだったらこっちの宿に泊まろう」「このお店が無理だったらこのお店に入ろう」といった具合に「選択肢を2つ以上作る」という習慣を持っておく。これによって**失敗やタイムロスを防ぎ、精神的な安定を得ることにも、考える力をつけることにもつながる**のです。みなさんもぜひ「プランB」を考えるようにしましょう！

極　意

2

どんどん「レベルアップ」を目指す

イージーモードからハードモードへ！
レベル1からレベル100へ！

みなさんは、「ゲームにおいて楽しいこと」って、なんだと思いますか? 「ゲームをクリアできるかできないかのドキドキ感」でしょうか? 「ゲームクリアしたときの達成感」でしょうか?

それも1つの答えだと思いますが、僕は**「ゲームをしながらどんどん成長していく」**ということこそ、ゲームの醍醐味だと思っています。

はじめはイージーモードでも難しかったのに、ゲームを何度もプレイするうちにハードモードもクリアできるようになっていく。最初は倒せなかった相手を、やっていくうちに倒せるようになっていく。そんな「レベルアップしている」という感覚もゲームの面白さの1つなんです。

極意①では、主に1回のゲームをどのように作り上げるかについてお話ししましたが、ゲームというのは、2回3回と同じゲームをやってみたり、前よりも強い自分になって一度、ゲームオーバーになったゲームに再挑戦してみたり、「何度も繰り返してレベルを上げる」こともできるのです！

ゲーム③の「3分間タイムアタック」でも述ましたが、前回よりも今回、今回よりも次回、次回よりも……というように、1ゲーム1ゲームごとに前に進んでいくことが重要なのです。**1回ダメだったからといって諦めるのではなく、なぜダメだったのかを分析して次回に活かす。**そうやって一歩一歩レベルアップしていくことができるのも、「ゲーム」のいいところであり、楽しいところなのです。

この「レベルアップ」という考え方は、実に合理的です。はじめから海で泳げる人はいませんよね？　まずは一度、溺れるような体験をしながらも水に慣れて、練習して、やっと泳げるようになるはずです。

自転車も逆上がりも、最初からできた人は少ないはず。何度も失敗した後でできるようになった人がほとんどだと思います。はじめから完璧にゲームをクリアできる必要はないのです。失敗もしながら、何度も何度も経験して、はじめてゲームがクリアできるようになればいい。そっちのほうが**「はじめから完璧にやろう」と考えるよりも何倍も合理的**なのです。

だからこそ、必要なのは「実践すること」です。ゲームオーバーになることを恐れるのではなく、「ゲームオーバーになってもいいや」と軽い気持ちでもいいから何度も挑み続ける姿勢が大切なのです。

所詮は「ゲーム」、ゲームオーバーになったからといってペナルティがあるわけでも死ぬわけでもありません。「悔しい！」と思ってもいいですが、**「失敗した」と落ち込んではいけません。「次こそは！」と実践し続けることが大切**なのです。自分の成功や失敗を客観視することができるのも、「ゲーム化」という仕組みを利用することの大きなメリットです。勉強でも仕事でも目標ができないと誰しも落ち込んでしまいそうになりますが、物事がうまく進まないときも「ゲームがクリアできなかっただけ」と割り切ることで、過度に自信をなくすことなく、再チャレンジができるはずです。

そうやって実践し続ければ、どんどんレベルアップすることができ、次はゲームをクリアすることができるようになります。ゲームを何度も実践して、レベルアップしていくこと。これこそが、２つ目の極意です。

極意②の大原則

実践し続けることで知らず知らずのうちにスキルが身につき、パフォーマンスの向上につながる！

ポイント ④

自分の「レベル」を点数化してチェック

「レベルアップ」とは言いましたが、みなさんは「自分のレベル」ってわかりますか？ **自分には何の力があって、何の力が不足しているのか、正確に把握できているという人は少ない**のではないでしょうか。

それもそのはずで、現実世界ではテレビゲームのように、１つの指標が「レベル」になっているわけではありません。「西岡壱誠 レベル21」とか、そういうわかりやすい指標があるわけではないのです。しかし、複合的なものではなく、１つの分野の指標としてなら自分のレベルを数値化することは可能です。

僕が昔から好きなゲームに『ペルソナ』というRPGがあります。このゲームでは、「器用さ」や「度胸」といった5つの指標を、5段階にわけて表示するというゲームシステムが取られています。「器用さ：レベル5」「度胸：レベル3」といった形で常に可視化されていて、「器用さがレベル4以上だと○○ができる」というようなものがゲームの中で決められており、「このホラー映画を見れば、度胸が上がりそうだ」とレベルアップのためのアクションもゲーム内で設定されています。

このゲームシステムはとても親切です。「ああ、この行動をするためには○○という力がちょっと足りなくて、そこを補うためにはこの行動をしなければならないんだな」といった具合に、**明確かつ具体的に自分が選択するべき最適な行動を理解できるため、合理的な選択をすることができる**ようになります。

ポイント③でも触れましたが、「明確で具体的」というのはそれだけで大きな意味のあること。抽象的でわかりにくいものがわかりやすくなれば、合理的な選択をするのに大いに役立つからです。

しかし、残念ながら僕たちが生活する現実世界では、自分の能力や才能が細かく数値化されることはありません。試験の点数や偏差値などはそれに近い存在ではありますが、その数値で表される能力はごく一部を可視化しただけにすぎません。

そこで、できるかぎりこのゲームシステムを現実世界にも導入してみるのです。「伝達力：レベル3」「読書力：レベル2」「器用さ：レベル5」のように、自分のスペックをゲームのようにまずは徹底的に分析して、レベルアップの方法を考えてみましょう！　まずは、第1ステップ「可視化」です。

❶「可視化」―そのゲームにおいて必要なスペックとレベルを考える

たとえば、「頭はいいけど気難しいヤツと友達になるためには、『知力』と『コミュニケーション力』が必要かな」となったら、「自分って『知力』はあんまりなくて『コミュニケーション力』はちょっと得意なくらいかな」と考えて、「知力：レベル1」「コミュニケーション力：レベル3」などと可視化してみるわけです。レベルの目安は次のようになります。

レベル1：あまり得意ではない。コミュニケーションなら「あまり話せるタイプじゃない」
レベル2：普通。コミュニケーションなら「まあ普通に人と喋れるタイプ」
レベル3：ちょっぴり得意。コミュニケーションなら「きちんと会話できるタイプ」
レベル4：やや得意。コミュニケーションなら「話が面白いとよく言われるタイプ」
レベル5：得意。コミュニケーションなら「誰とも楽しくおしゃべりできるタイプ」

スペックの例は「コミュニケーション力」「文章力」「器用さ」「読書力」「魅力」「度胸」「アイデア力」「知識量」など、どんなスペックでも構いません。自分がゲームをするときに必要になってくるような力を考えて、可視化するのです。そうして、次にやるステップは「ギャップ埋め」です。

❷「ギャップ埋め」―レベルが足りないスペックを考えて、レベル上げを行う。

たとえば、「このゲームをクリアするためには、知力が2、コミュニケーション力は4、必要かな」となったら、自分に足りないスペックを鍛えるゲームを考えて実践してみましょう。知力を上げるためのゲームを、コミュニケーションを鍛えるためのゲームを考えて実践するのです。

「この本を読んでおけば、知力が上がるはずだ」となったら「本を読んで知力を上げるゲーム」を実践すればいいですし、「何回かゲームを実践しているうちにレベルが上がるはずだ」と考えたら実践すればいいのです。

いかがでしょうか？ **足りないレベルを考えて、ギャップを埋めるための訓練**をする。この2つのステップを実践することによって、どんなゲームも合理的にクリアすることができるようになります！

ポイント ⑤

常にゲームを「更新」する

ゲームって、簡単すぎても難しすぎても面白くないですよね。簡単すぎると飽きてしまいがちですし、難しすぎるとやる気を失ってしまいます。ちょうどいいレベル感でプレイするのが一番楽しいはずです。

でも、「ゲーム式習慣術」では、なかなかはじめから「ちょうどいいレベル感」を設定するのって難しいんですよね。「ニュースを5個見ようとは思ったけど、全然時間が足りないな」とか、「時間が結構余っちゃったな」とか、自分のレベルと合っていないゲームを作ってしまうこともあると思います。また、やっていくうちにレベルアップして、「はじめはニュース5個で一苦労だけど、もう7個でも10個でも大丈夫なようになったな」とゲームが簡単になってしまうこともしばしばあります。

こんなふうに「レベルとゲームが合っていない」という現象は、「ゲーム式」をやっているとよくあることです。先ほどのポイント④でレベルを考えてみたらレベルが全然足りていなくて、ギャップを埋めるだけで一苦労……なんてこともあります。

そういう時のために常に行うのが、**「ゲームの更新」**です。いつも同じゲームをするのではなく、「勝利条件」を難しくしたり、「制限」を短くしたりしながら、ゲームをどんどん新しくしていくことをオススメします。はじめはイージーモードでプレイしていたゲームを、ノーマルモードに変更して、最後にはハードモードにする……そんなイメージ。または、「いざゲームを作ってみたらハードモードすぎたから、まずはイージーモードを遊ぶためにルールを変えよう」と考えるイメージです。

ゲーム自体も、試行錯誤して変えていくんです。実践して、ダメな部分は直して、不都合な部分は改良して、そうやってゲーム自体もレベルアップさせていくことが大切。はじめから完璧なゲームを作ろうとするのではなく、実践していくうちにゲームを更新し、その時々にあった適切なゲームへと変化させていくのです。そうすれば、飽きることなく楽しめるようになる上に、ちゃんとレベルアップができるようになります。

レベルが高くなったあとで、弱いモンスターを倒しても経験値が全然上がらないのと同じように、**レベルに合ったゲームをプレイしなければ能力は上がりません。**大学受験しようとする人が小学校対象のテストを受けても得るものが少ないのと同じように、逆に普段漫画しか読まない人が超難しい実用書を読んでもなにもわからないのと同じように、自分のレベルに合わせたゲームをする必要があるのです。

それを試行錯誤して、レベルに合わせて作り直していく。ずっと飽きずにゲームをプレイして、レベルアップし続けるためには、この姿勢が必要不可欠なのです。

ポイント⑥
「ゲームオーバー」から学ぶ

「失敗は成功のもと」ということわざがあります。失敗は、その原因を分析すれば弱点や欠点を直すことにつながるから、かえってその後の成功につながることがあるという意味ですね。「ゲーム式」でいうならば、**「ゲームオーバーはゲームクリアのもと」**でしょうか。

かの発明家エジソンは、こんなセリフを残しています。

「1万回失敗したのではない。うまくいかない方法を1万通り発見したのだ」と。

「ポジティブだなあ」と考える人もいるでしょうが、これは「ゲーム」を実践するうえでも核心をついた一言です。「失敗」というものは存在せず、「成功の糧になる『うまくいかなかった方法の発見』ができたのだ」と捉えることで、成功がグッと近づくというわけです。

この考え方はとても合理的です。業務改善や作業効率の向上の分野では「ＰＤＣＡサイクル（Ｐｌａｎ・Ｄｏ・Ｃｈｅｃｋ・Ａｃｔｉｏｎ）」が提唱されていて、「計画を立てて、実際にやってみて、結果を確認して計画を変更してまた計画を作り直し……」というサイクルが合理的だといわれていますが、これはまさに**「失敗は成功の元」を理論化したものにほかなりません。**

実践して、失敗原因から学びながらまた実践して、それを繰り返しながら成功へと進んでいく。こういうふうに考えることはとても合理的なのです。

東大生の多くは、効率的で自分にあった勉強法を実践していることが多いですが、はじめからそれを発見していたという学生はほとんどいません。**いろいろな人の意見を取り入**

れながら実践し、効果が出ないものは切り捨て、効果があるもののみを残し、改良していくことで今の勉強法を作り上げた、という学生がほとんどです。つまり、東大生も「失敗から学びながら」東大生になったパターンが多いというわけ。そこでいくと僕も、2浪して2回東大に不合格になった経験から、「今までの勉強法ではダメなんじゃないか」と学んだ結果、東大に合格できたのです。

しかし、「失敗だ」と捉えてしまうとなかなか向き合いにくいものがあります。30点のテストとか復習したくないですよね。本当ならそこから、70点分の多くの自分の弱点が学べるはずですが、30点のテストと向き合うのは精神的になかなかきついものがあります。

そういうときにこそ実践すべきなのが「ゲーム式」なんです。**「ゲーム式」には「失敗」はありません。ただの「ゲームオーバー」です。**ただゲームがクリアできなかっただけのことで、それだけで一喜一憂するべきことではありません。1回プレイしただけでクリアできる人はほとんどいませんし、それはポイント⑤でも言いましたが、レベルが合っていないだけの話で、ゲームのほうを変える必要があります。

そもそも「たかがゲーム」の話です。失敗とか成功とか、そんな高尚なものではありません。気の持ち様ではありますが、こうやって考えておくことで「ゲームオーバー」ともうまく付き合えるようになります。

ゲームオーバーになった原因を分析して、次はクリアできるように試行錯誤を繰り返すことでレベルがアップしていく。それもゲームの1つの側面です。**諦めない限りは「負け」じゃなくて、次のゲームをクリアするための糧でしかない**わけです。

ゲーム⑤ アプリチェンジゲーム

必要なもの：**スマホ**

制限：**1週間**

勝利条件：**新しいスマホアプリを使いこなせればゲームクリア！**

こういう人にオススメ！：**流行をもっとキャッチアップしたい人**

みなさんのスマホにはどのようなアプリが入っていますか？　僕はソーシャルゲームが好きなのでゲームアプリが多いです。実用的なものでいえば、自分のコミュニケーションを復習するためのレコーダーアプリや万歩計などが入っています。

そして、もう1つ質問です。みなさんはスマホアプリを、どれくらいの頻度で入れ替えていますか？　最後にアプリをインストールしたのはいつですか？　意外とみなさんの中には、「ほとんど入れ替えていない」とか「今のアプリで満足していて、新しいものはインストールしていない」という人が多いのではないでしょうか。しかし、ポイント⑤でも触れましたが、**「更新していく」というのはとても大切なこと**です。1つのアプリ、1つのゲームだけを何度も実行するのではなく、複数のアプリを更新しながら使用していく。そうすることで、いろんなアプリを使ってみるようにするのです。

Ｔｗｉｔｔｅｒをやっていて「文字数制限がないインスタのほうが今の自分に合ってい

る！」となったらインスタをやり始めるとか、「初心者向けの勉強アプリ」がぬるいと感じ始めてから「上級者向けの勉強アプリ」をインストールするとか、そんなふうにどんどんアプリ自体も変えていくというような動きをしていけば、自分自身をどんどんとアップデートできるようになるのです。

そのためのゲームが、「アプリチェンジゲーム」です。内容は簡単です。

❶ スマホで新しいアプリをインストールする

❷ そのスマホアプリを1週間で使いこなせるようになればゲームクリア！

たったこれだけ。たったこれだけでも、とても大きな効果が生まれるのです！

すべての物事において言えることですが、**「停滞」というのは成長を阻害**します。「まあ、特に不便はないし、このアプリだけでいいや」「今のままで十分」と、その場に留まろうとする心の動きは、どんな人にもあると思います。「停滞」が必要になることもありますが、ずっと「停滞」しているだけでは「進歩」は生まれません。

新しいことをすることで、「へえ！　こっちのスマホアプリを使えばこんなことができるんだ！」「こういうアプリもあるんだ！　自分に合っているのはこっちだな！」と、新たな発見をすることができるようになります。それをこのゲームでは実践できるのです。

このゲームでアプリをインストールして、1週間で使いこなせるようになればゲームクリア、使いこなせなければゲームオーバー、と決めておくことで新しいアプリを使ってみる契機になり、また「新しいもの」に対する抵抗感をなくすことができるのです。

「でも、どんなアプリをインストールすればいいかわからない……」という人もいると思います。そんな人は今、自分が使っているアプリを見てみてください。たとえば、スケジュール管理のアプリだけとっても世の中にはたくさんありますし、天気予報のアプリでも目覚ましのアプリでも写真加工のアプリでも山のようにあります。

今、使っているアプリよりも自分に合ったものが見つかるかもしれません。また、「こんなことできないかな?」「これって今、すごい面倒なんだよな」と思っていることをネットで検索してアプリを探すのもオススメです。

「録音した内容を文字に起こすのって大変なんだよな、アプリで勝手にやってくれるのないかな?」「名刺の内容を読み取ってくれるアプリってないかな?」と調べてみるのです。僕もよくビックリするのですが、意外と「え!? こんなアプリあるの!?」というのが見つかることがありますし、今は見つからなくても開発が進められているアプリもあります。新しいアプリをどんどんインストールして、使いこなしていけば、**ITの力でより人生を効率的に過ごしていくことができる**のです。

そして、このゲームの最大のメリットは、何度も何度も続けていく中で生まれてきます。1つアプリをインストールするごとに古いアプリや使わなくなったアプリを消して、スマホの中身をどんどん新しくて使えるものだけを残していくのです。もちろんずっと使っているアプリを残しておくのも選択の1つですが、常に「このアプリは現状にあっているかな？」「より状況にあったアプリはないかな？」と考えるようにしましょう。そうやってこのゲームを繰り返し実践していけば、本当に自分の役にたつアプリのみを残しつつ、新しいアプリをどんどん取り入れられるようになります。

「常に新しい自分になり続ける」というのは、レベルアップするために必要なことです。

それにあわせて、スマホも更新し続けてみてはいかがでしょうか？

ゲーム⑥ フライングゲーム

必要なもの：**なし**	
制限：**なし**	
勝利条件：**誰よりも早く終わらせればゲームクリア！**	
こういう人にオススメ！：**課題や資料の提出がいつもギリギリになってしまう人**	

勉強も仕事もスピードが何よりも大切です。できるだけ速度を早くすることを意識しましょう。……なんて言ったら、みなさんは否定すると思います。「いや、早く終わらせても意味がないこともあるだろう。じっくりと質を高めることこそ大切だ」と。

しかし、**質を上げるために、実は一番必要なのが「速度」**なのです。極意②で、「実践しまくることでレベルを上げることができる」と言いました。実践しまくるためには1つのゲームに時間をかけるよりも、ゲームオーバーになることも覚悟してたくさんのゲームを素早く実践するのが一番なのです。「ゲームオーバー」になることも大切。早く実践して、「ゲームオーバー」になるということもレベルアップに大きくつながるのです。

ゲームには、「初見殺し」というものもあります。はじめてだったら絶対にわからない、絶対にゲームオーバーになってしまうようなことが用意されているゲームの設定を指します。「レポートを提出してみたら、文字の大きさに指定があったの？ 聞いてないよ！」「計画立てる段階だったらわからなかったけど、これってこんなに時間かかるの⁉ 制限時間内のクリアは無理だな……」とか。でも、それを早くやってしまえばクリアできたかもし

極意①
□解説
□ポイント
■ゲーム
極意②
極意③
極意④
極意⑤

れません。

「レポートを作ってみたんですけど、問題ないかどうかチェックしてもらえませんか?」と人に聞いたり、「時間かかるなら、こっちに方向転換だ！　まだ時間もあるし、間に合うはず！」と修正したり、早くゲームを実践することでできることがかなり多く存在するのです。「ゲームの早い実践」を形にしたのがこのゲーム、「フライングゲーム」です。ルールは以下の通り。

❶ 課題・宿題・仕事などの、期限が決まっているものを1つ選ぶ

期限のあるものならなんでもいいです。自分が「早く終わらせないと！」と思っている何かであっても構いません。

❷ 選んだものを、期限の5分の1の期間で終わらせられればゲームクリア！

5日で終わらせるべきものなら1日で、1か月で終わらせるべきものなら1週間で、期限の5分の1で終わらせられればゲームクリアです！

★ワンポイントアドバイス！

ほかにもやる人がいるもの（「全員この日までに提出！」といった課題）は、期間ではなく「誰よりも早く終わらせたらゲームクリア」と勝利条件を変えてみましょう。

もちろん、すべてのタスクでこのゲームを実践する必要はありません。でも、「これはクオリティを高く仕上げたいな」と思うものなどはこのゲームを実践すると効果的です。

「え？　クオリティを求めるのに早くやるの？」と思う人もいるかもしれませんが、早く終わらせれば、後からいくらでもクオリティを高めることができます。たとえば、評価者に「こんな感じで作ったのですが、足りない部分とかダメな部分を教えてください！」と聞いてしまうのもアリです。多くの場合、そうした疑問や質問に快く対応してくれます。むしろ、「早く終わらせてこんなふうに聞いてくるだなんて、偉いな」と感じる人がほとんどです。

また、評価者に聞けなくても、同僚や友達など、ほかにもチェックしてくれる人はいくらでもいるはずです。本当にクオリティの高いものを提示したいのであれば、早めに終わらせて何度も修正するのが一番手っ取り早いのです。

5分の1というのは、実は一番ちょうどいい数字なのです。残りの5分の4の時間を……

5分の2……人にチェックしてもらい、フィードバックをもらう時間
5分の3……フィードバックを受けて修正する時間
5分の4……もう一回、人にチェックしてもらい、フィードバックをもらう時間
5分の5……フィードバックを受けて完成版を作成する時間

こういうふうにスケジュールを設計すれば、周囲から2回もチェックをもらえ、質を高めていくことができるというわけです。

はじめの段階で100パーセントのものを提示する必要はありません。「ちょっとこれ、わからないな」という部分も含めて人に聞いてみればいいのです。**何度も何度も人に聞いてできあがったものを提示したほうが、クオリティの高いものが作れる**のです。

とにかく早く実践して、誰よりも早くできたらゲームクリア。まずはこういうふうに考えて「たたき台」になるものを作っておけば、後からいくらでもクオリティを高められ、結果として時間をかけて作るよりもクオリティの高いものを作ることができるのです。

そして、このゲームでは「スピード」が身につけられます。ポイント④で指標ごとのレベルアップのお話をしましたが、「スピード」という項目はレベルアップが容易で、なおかつレベルアップするとゲームクリアの確率が高くなるもの。**クオリティを高くするためにも、人に評価されるためにも、「スピード」が必要になってくる**のですから。

以上のように、この「フライングゲーム」を実践することによるメリットは計り知れません。ぜひみなさんも、「早く」実践してみましょう！

ゲーム⑦ ゲームオーバー逆転ゲーム

必要なもの：**なし**

制限：**1日**

勝利条件：**一度ゲームオーバーになったゲームをクリアできればゲームクリア！**

こういう人にオススメ！：**成功率の低い案件を抱えている人、負けず嫌いな人**

みなさん、ゲームで負けるのって悔しいですよね。僕もよくゲームで友人と対戦するのですが、結構頻繁に負けて、悔しい思いをしています。「もう1回勝負だ！」と友達にせがむこともしばしば。「勝ち逃げなんて許さないぞ！」と何度もゲームしてしまいます。

でも、ゲームのいいところってここだと思うんです。負けたら悔しくて、「もう1回！」ってなること。「もうやりたくない」という気持ちよりも、不思議と「もう1回やりたい！」という気持ちのほうが強くなる。そうやって何度もゲームしているうちに、友達も自分も、ゲームがうまくなっていく。このサイクルこそが、ゲームのいいところであり、楽しいところなのではないかと感じています。

この習慣術の一番の強みは、もしかしたらここにあるのかもしれません。「負けたときに悔しくなって、次のゲームを求める」ということ。普通ならば失敗したことに対して「もう1回やりたい」とはなかなか思えませんが、ゲームだけは違う。ゲームだけは、「もう1回だ！」という気分になる。誰でも簡単に「負けず嫌い」になれるんです。

そんな「負けず嫌い」を活かしたのがこのゲーム、「ゲームオーバー逆転ゲーム」です。ルールは以下の通りです。

❶ 一度ゲームオーバーになったゲームを1つ選ぶ

ゲームオーバーになってすぐのゲームを選ぶのがオススメです。そっちのほうが、悔しさが残っているからです。

❷どうしてゲームオーバーになったのか、どうすれば次はゲームオーバーにならないかを考える

なぜゲームオーバーになったのか、原因をしっかり列挙してみましょう。

❸ゲームオーバーの理由を分析した上で、24時間以内にゲームをもう一度プレイしてみて、ゲームクリアできれば勝利！

せっかく理由を考えたのですから、24時間以内に再チャレンジです。そこで今度はゲームをクリアできたら、このゲームもクリアです。

★ワンポイントアドバイス！

ポイント④も合わせて利用してみましょう。「度胸が2レベル足りなかった」「知恵が1レベル足りなかった」と、具体的にわかりやすく考えてみるのがオススメです。

たったこれだけのゲームですが、これだけで一度失敗したゲームがかなりの確率でゲームクリアできるようになります。**「問題をきちんと述べられれば、半分は解決したような**

ものだ」とは、アメリカの発明家チャールズ・ケタリングの言葉ですが、まさにその通りで、「どうして勝てなかったのか？ 何が足りなかったのか？」を列挙するだけで、次のゲームの質が大きく変化します。

しかも、都合がいいことに1回きちんとゲームオーバーになっている。ゲームオーバーしたからこそ見える問題点がきっとあるはずですし、その問題点をきちんと理解しておけば、次のゲームは確実に質が高くなる。ポイント⑥の実践で、一度ゲームオーバーになったことから学び、次のゲームの糧にすることで、大きくレベルアップすることができるのです。

そして、それで失敗しても何の問題もありません。また同じゲームを繰り返せばいいのです。何度も何度も繰り返して、最後の最後でゲームクリアできれば「勝ち」です。

僕は「1回も噛まないプレゼンを行う」ゲームをしているのですが、すでに112回はゲームオーバーになっています。ええ、112回です。また今度、プレゼンしたら113

極意①
□解説
□ポイント
極意②
■ゲーム
極意③
極意④
極意⑤

回になるかもしれませんし、今度はクリアできるかもしれない。

「なんでそんなことを」と思うかもしれませんが、単純な話、悔しいからです。クリアできないのが悔しいからプレイしています。でも、その甲斐あって、だんだん噛む回数が減ってきました。今度こそはひょっとすると……と、勝手に思っています。

何度ゲームオーバーになったっていいのです。**ゲームオーバーになっても失うものは案外、とても少ないですし、最後に勝てば、すべて報われます。**このゲームをプレイして、「すべてのゲームオーバー」を糧にゲームクリアを勝ち取りましょう！

ゲーム
⑧ 弱点サーチゲーム

必要なもの：**なし**
制限：**1日**

勝利条件：**自分の弱点が把握できればゲームクリア！**
こういう人にオススメ！：**自分のダメなところがイマイチよくわからない人**

「あなたは自分の弱点を知っていますか？」と問われて、即答できる人は稀だと思います。「自分のことは自分が一番わかっている」……というのは、多くの場合、間違っています。自分の姿が鏡でしか確認できないように、他人にしか見えない自分の姿というものもあります。自分の欠点や弱点は、自分ではあまりよくわからない場合が多いのです。

それを可能にするのが、「客観視」です。ポイント④でも触れましたね。**自分の特性やレベルを、客観的に数値化してみることで理解できるようになるのです。**

でも、「数値化」が難しいケースもあります。ポイント④で「レベル」のある程度の目安を書きましたが、自分ではコミュニケーション能力が高いと思っていてもただおしゃべりで口うるさいだけかもしれませんし、記憶力が高いと思っていても興味のあるもののみ暗記できるというだけかもしれない。なかなか自分を客観視するのは難しいのです。

そこで紹介するのは、簡単に自分のことを客観視できるゲーム、自分の「弱点サーチゲーム」です。ルールは以下の通り。

❶最近「ゲームオーバー」になったゲームを5〜10個列挙する

直近でゲームオーバーになったゲームを5個以上挙げていきましょう。違うゲームでも同じゲームでも構いません。

❷「この能力がもう少しあればゲームクリアできたのでは?」というポイントを1つのゲームで2個ずつ考えていく

たとえば「飲み会で5人以上と話をするゲーム」がクリアできなかった場合、「コミュニケーション能力」が不足していたのかもしれませんし、「度胸」が不足していたのかもしれません。そのように、考えられる原因を、ポイント④にあったようなスペックで考えてみましょう。

「そうは言っても、スペックとかパッと思いつかないなぁ」という人のために、よく利用する基本となるスペックを10個列挙してみました！ この中から選んでみてはいかがでしょうか？

【基本スペック10選】

- **コミュニケーション力（人とうまく会話するための力）**
- **文章力（文章を書いたり、人に伝わりやすい文を書く力）**
- **器用さ（手先やちょっとしたテクニックの巧みさ）**
- **読解力（文章や空気を読む力）**
- **魅力（服装や髪型など、人から好かれる力）**
- **度胸（失敗を恐れず、物怖じしない力）**
- **アイデア力（奇抜な発想力）**
- **知識量（今までの勉強量）**
- **粘り強さ（1つのものにこだわり続ける力）**
- **スピード（物事を行う速度）**

❸ 出現回数が多いスペック・近いスペックを1つ探し出す

「あれ、コミュニケーションが原因になることが多いな」「スピードが問題でゲームオーバーになったことが結構あるな」など、弱そうなスペックは何かを調べてみましょう。見つかればゲームクリアです。その際、内容がかぶったりしているものでも構いません。「会話力」「伝達力」が多ければ、合わせて「コミュニケーション力」としても問題ないというイメージです。

❹ そのスペックを試せるゲームを考えて実践し そのスペックが5段階のどのレベルなのかがわかればゲームクリア！

「コミュニケーション力」ならば「はじめての人と仲良くなるゲーム」、「文章力」ならば「今日の出来事をＴｗｉｔｔｅｒにまとめて、『いいね』を5つ獲得するとゲームクリア」というゲームとか、そんなふうにそのスペックを試せる自分にとったゲームを1つ考えて、実践してみましょう。それで、弱いスペックとそのスペックのレベルを確認するのです。繰り返しになりますが、レベルのイメージは次のとおりになります。

レベル1：あまり得意ではない。コミュニケーションなら「あまり話せるタイプじゃない」
レベル2：普通。コミュニケーションなら「まあ普通に人と喋れるタイプ」
レベル3：ちょっぴり得意。コミュニケーションなら「きちんと会話できるタイプ」
レベル4：やや得意。コミュニケーションなら「話が面白いとよく言われるタイプ」
レベル5：得意。コミュニケーションなら「誰とも楽しくおしゃべりできるタイプ」

このゲームを実践して、「自分のレベルの低いスペック」を知ることができれば、あとは難しくありません。「そのスペックを高められるゲーム」を実践して、レベルアップを図ればいいのです。

そうすることで、あなたのゲームの失敗のだいたいの原因が改善されます。原因として多いものを選んだので、優先順位が一番のスペックが選べているはずです。それを直せば、あなたは大きくレベルアップできます。

自分が苦手とすること、不得意なことがなんなのかをしっかりと把握して、「弱点」として認識し、それを克服できるゲームを探していく。こうやってゲームを進めていくことで、自分自身の大きなレベルアップにつながっていくのです。みなさんもぜひ、試してみてください！

極意 3

上手に「キャラクター」を使う

ゲームの登場人物は1人ではない。周りの人も巻き込んで、他の「キャラクター」をうまく使いながらゲームクリアを目指そう！

みなさんは、「自分を変えられるのは自分だけだ」という言葉について、どう思いますか？

「自分の性格や価値観は、自分だけが変えることができる」とか「過去と他人は変えられない。変えられるのは未来と自分だけだ」とかそういう言葉が、世の中では広く支持されているみたいです。

でも僕は、これってちょっと違うんじゃないかなって思うんです。

だって、**世界にたった1人だったら、たぶん「変わらなきゃ！」って思う人は出てこない**はずです。人間が自分の性格とか価値観とかよくないところとかを「変えよう」と思うのは、いつだって「他人」の目があるからではないでしょうか。

「あいつみたいになりたい」とか「ああはなりたくない」とか、「後輩に尊敬される先輩になりたい」とか「人から頼られる人間でありたい」とか、そういう「自分以外の人」の存在によって自分を理解して、「変わろう」と決意する。そうやって人間は自分自身のことを変えていくと思うんです。誰も彼も、自分の顔は鏡を通してしか見ることができません。**自分のことを一番よく知っているのは自分ではないし、同時に、自分のことを変えられるのは、案外、自分以外の他人**だったりするのではないでしょうか。

3つ目の極意は「他人」というキャラクター、そして、自分というキャラクターをいかにうまく使っていくかということです。

『ドラゴンクエスト』などのRPGにおいて、主人公たった1人だけの力でゲームクリアする人はいません。仲間を集めて、仲間とともにレベルを上げて、役割分担しながらチームとして敵に打ち勝ちます。チームの1人だけが強くても野球やサッカーでは勝てません し、1対1のスポーツだって切磋琢磨する相手がいてはじめて強くなれます。

同じようにどんな状況にあっても、どんなゲームをプレイしていたとしても、自分の周りの環境や自分の周りにいる他人をうまく利用できる人間は強いです。受験勉強だって、たった1人で勉強しているよりも、先生に質問に行ったり、友達と一緒に問題を解いたり、悩みを共有したり、そうやって勉強できる人間は成績が上がりやすいです。仕事だって同様のはずです。上司や同僚、取引先などたくさんの人とかかわっていくなかで、うまく他人とかかわっていける人は、間違いなく高い成果が出るでしょう。

だから、「ゲーム式習慣術」を試すときは、**常に「他人」をゲームの中に組み込みましょう。** ゲーム⑥「フライングゲーム」でも触れましたが、「周囲の人」を巻き込んでゲームをすると成功率がぐんと高くなります。

1人でゲームをするのではなく、他の人も巻き込んでゲームをする。1人よりも2人、2人よりも3人、3人よりも4人以上のほうがゲームは楽しくなりますし、よりゲームクリアしやすくなるのです。

極意③の大原則

「自分」も含めてより多くの人を巻き込んで、うまく他人も使いながらゲームクリアを目指す

ポイント ⑦ 常に「他人」を意識してゲームをする

たとえば、あなたが何かを実践する際に何度やっても失敗して、その失敗の原因がまったくわからなかったらどうしますか？　もう1回実践しますか？　それとも、もう諦めますか？　僕だったら、誰かに意見を求めます。「これ、何度やってもダメなんだけど、なにがいけないんだろう？」と。

所詮、**どんな人間であっても、自分だけでわかることなんて限られています。**たとえば僕は男ですが、どんなに頑張っても女性の気持ちを完全に理解することはできません。同じように自分の失敗の原因とか、自分の短所とか、自分の本当の魅力とか、そういうものは「他人」のほうが気が付きやすいのです。だからこそ、失敗した時は遠慮なくほかの人から意見を求めるべきなのです。そうすれば、自分にとってプラスの結果が得られることが多いです。

さて、ここまではおそらく誰でも実践したことがあることだと思います。でも、ここからさらに一歩発展させるのがこのポイントです。「失敗したときに他人に意見をもらえば次は成功できる」というところからもう一歩発展させましょう。

実は失敗する前に、つまりゲームをしている段階で、「他人」の意見を意識すれば、グッと成功率が高くなるのです。

「えっ、どういうこと？」と思う方も多いと思うのですが、みなさん、「料理」を思い浮かべてください。たとえば、カレーを作っている際にどうすればそのカレーを食べる人に「美味しい！」と言ってもらえると思いますか？　隠し味にリンゴを加えるとか、チョコレートやコーヒーを入れてまろやかさを演出するとか、いろいろな方法があると思いますが、一番手っ取り早いのは「カレーを食べる相手のことを考える」ということです。甘口のカレーが好きな子供に食べてもらうなら甘口に、辛口が好きな人に食べてもらうなら辛口にといった具合に、相手のことを考えると「美味しい」と言ってもらえるカレーが作りやすいのです。

また、みなさんは人前で話すのは得意ですか？「いいプレゼンができない！」「人からつまらないって言われる！」という人も少なからずいらっしゃると思いますが、すごく手っ取り早くプレゼンテーションのスキルを上げるには、「聴く人のことを考える」ということを実行すればいいのです。

たとえば、「ここのパワーポイントの文字が見にくいかもしれないな」とか、「小さい声で話していたら聞こえないかもな」とか、そんなふうに聴衆の立場に立って話をすることで、確実にプレゼンのスキルは上がります。ファッションだって「どう見られているか」が重要になりますし、文章だって「読む人のこと」を考えるといい文章が書けます。

つまりは、日常の何気ないことでも、「他人」を思いやることがゲームクリアの鍵になる場合がとても多いんです！　ゲーム化を行うあらゆる局面で、かかわる人たちが「どんなキャラクターなのか？」「どのように自分は接するべきか？」「何を自分に期待しているか」を俯瞰してみることを意識してみましょう。

これは、先ほどお話しした「失敗したときに他人に意見をもらえば次は成功できる」ということと一緒です。自分ではわからないことを、他人からの目線を入れることによってクリアすることができる。同じように、自分一人でゲームをするのではなく、常に「普通の人だったらどう考えるだろう？」「あいつだったらどうクリアするかな？」と「他の人」

の目線を意識してゲームをプレイするとクリアが近づいてくるはずです。

もちろん、「他人からの目線」はあくまで「想像する」ことしかできません。人間は、自分一人分の人生しか送れませんから、本当にその人がそう思っているかどうかは、想像力で補うしかありません。しかし、それでも想像しないのと想像するのとでは全然結果が違うのです。

「他の人がどう思うか?」「相手がどう考えるのか?」。そういう「他人の目線」を考えた上でゲームをプレイする癖をつけること。これがポイント⑧です。

そして、ゲームオーバーになったら、そのときは、ポイント⑥でお話しした通り、そこから学んで**「他人の目線を考えるスキル」をレベルアップさせる糧にすればいいですし、どうしてもわからなかったら先ほどもお話しした通り、他人に聞けばいい**のです。そうやって「ゲーム」をプレイしていくことで、自分の能力を磨いていきましょう。

ポイント⑧

ゲームの対戦相手は、ライバルではなく「自分」

突然ですが、みなさんは誰とゲームをしますか？　兄弟とゲームすることが多いでしょうか？　それとも友達とゲームをすることが多いでしょうか？　はたまたSNSでつながったゲーム友達、ということもありますね。でも実は、人生を通してずっとゲームする相手というのは、家族でも友達でもなく、あなたのすぐそばにいる人なんです。それは自分。あなたは、**あなた自身を相手に勝負することが圧倒的に多い**はず。ポイント⑦では、「他人」という キャラクターを意識することの重要性を伝えしましたが、「自分」というキャラクターを絶えず意識することも同様に大切です。

たとえば、「ダイエットするぞ！」となったとき、人は頑張って食事制限をしたり運動をしたりします。カロリーの高いものを食べたい自分の心と戦って、自分の体に鞭を打って運動して、体重を減らしていきます。戦っている相手は、他人じゃなくて自分です。

あなたが成績を上げたいと思ったら、「勉強なんてしたくない！」という自分と戦うはずです。「今の自分を変えたい！」と思うから努力するわけですが、その際に相手になるのは「今の自分」です。繰り返しになりますが、自分の敵は多くの場合、自分自身。ほかの誰でもなく、自分こそが「敵」になって勝負する場合が圧倒的に多い。ポイント⑧はとても単純。「自分が相手だ」と理解すること。たったこれだけです。

たとえば、入学試験の「相手」って誰でしょう？　隣にいる受験生でしょうか？　それとも、同じ大学を目指すライバル全員でしょうか？　それらの人を蹴落とせば、あなたは入学試験で合格できるのでしょうか？　違いますよね。あなたの相手は、自分自身じゃないですか？　入学試験というのは、合格点以上の人間が合格できるという仕組み。人よりいい点数を取れば合格できるというのは確かですが、「いい点が取れるかどうか」「合格点以上になれるかどうか」というのは自分の問題です。誰かのせいでいい点が取れなくなった、ということなんてほぼないはずです。仕事においてももちろん、競争相手はいることもあるでしょう。しかし、誰かのせいであなたの仕事の質が下がることはないはずです。

「競争」とか「勝負」というものは多くの場合、突き詰めると「己との戦い」です。入学試験もスポーツもカードもゲームも、勝てなかったら誰のせいでもなく自分のせい。相手が悪いわけではないんです。

でも、人間はそれを忘れがちです。「他の人が自分の対戦相手」だと認識してしまい、「相手を蹴落とせばクリアできる」と考えてしまう場合が多い。でも、それは合理的ではない。ポイント⑦でも解説した通り、他人というのはすごく利用価値があるからです。**対戦相手も「仲間」または「利用できるキャラクター」と見れば、上手に自分のゲームクリアに役立てられるようになります。**

「同じ大学を目指す友達」を、ただの「敵」だと思ってしまえば何も得られませんが、共に切磋琢磨する「仲間」だと思えば、情報を共有したり、やる気を鼓舞し合ったりすることができます。そんな利用価値のある資源（リソース）を、「敵」と捉えて無意味にしてしまうのは、とてももったいない行為なのです。

人間というのは、周りの環境によって規定されていきます。「働きアリの法則」といって、10人の集団があれば働き者が2人出現し、同時に働かない人が2人出てくる。働き者を10人集めても働かない人を10人集めても、まったく同じように働く人と働かない人が出てくると言われています。

「名門校」と呼ばれる中学高校は、偏差値の高い大学を目指す学生が多いから、そこに通う子も必然的に「自分も目指してみようかな」と偏差値の高い大学を目指すようになる。人間は周りの人間や環境に影響を及ぼされながら生きているのです。だからこそ、**自分の周りの環境をうまくデザインできて、利用できる人間というのは強い**のです。

「朱に交われば赤くなる」と言います。「人は付き合う人の良し悪しによって、いい人間にも悪い人間にもなる」という意味ですね。このことわざを「悪い奴とは付き合わないほうがいい」という教訓だと思うのはあまり合理的ではありません。「付き合う人間を選べば、あなた自身の成長につながる環境ができあがる」ということだと考えるほうが、実は合理的です。

そのために、「自分の敵は自分だ」と認識するようにしましょう。そうすれば、「自分という本当の敵」を倒すために他人をうまく利用して、自分にとって都合のいい環境をデザインすることができるようになります。ぜひ実践してみましょう！

ポイント⑨ 「他のキャラクター」になればゲームクリアに近づく

みなさんはモノマネは得意ですか？　実は僕はあんまり得意ではありません。人のモノマネって、なかなか難しいですよね。特徴を押さえるのが難しいですし、その人になりきるのってなかなか容易ではありません。

でも、それでも僕はモノマネを実践するように心掛けています。なぜなら、モノマネこそゲームを有利に進めていくための有効な手段だからです。

たとえば、うまいコミュニケーションを取ろうと思った場合、コミュニケーションがうまい誰かのマネをする、というのは非常に有効な手段です。会話がうまい誰かのことをトレースして会話をすると、うまく話せることが多い。同じように、料理家の作ったレシピ通りに料理を作れば美味しい料理が作れますし、スポーツでもプロの選手のマネをしたらうまくプレイできるようになるということもあります。

また、心理学において「カメレオン効果」というものが存在します。これは、話している相手の仕草をついマネしてしまったり、相手の話し方が自分にうつってしまうなど、無意識的に相手のマネをしてしまうことを言います。関西弁の友達と話していたら関西弁もどきがうつっていた……という経験、みなさんもあるのではないですか？　これは人間なら誰しも起こり得ること。さらにこの「カメレオン効果」によってマネされた相手のほうは、マネされていない場合と比べて好感度が高くなるという研究結果が出ています。人間の基本的な作用として、「マネをする」ということは発生しやすく、また合理的な選択になっている場合が多いのです。

だから、「ゲーム式習慣術」にも積極的に「マネ」を取り入れていきましょう。たとえば、

難しいゲームをプレイするときに、「そのゲームをクリアできる誰か」を頭に思い浮かべて、その人の行動をトレースすればクリアできることがあります。「タイガー・ウッズだったらこの場面でどうするだろうか、きっとこうするに違いない」とか、「明石家さんまだったら、この場面でどうやって笑いを取るだろう？　こんな感じかな？」とか、そんなふうに著名な誰かのことを思い浮かべたり、身の回りの誰かの行動をマネしてみるのです。

ポイント⑧でも触れましたが、「他人」というゲームに登場するキャラクターは敵ではありません。一緒にレベルアップする仲間です。この仲間を、ここでもうまく使ってみるのです。「あいつ、コミュニケーションうまいよな。あいつのテクニックをちょっとマネしてみよう」「あの人のスキルはすごい。ちょっと自分もマネしてみよう」といった具合に、変に対抗心を持ったりせず、尊敬できる部分や自分にも使える部分をちゃんとマネしてみるのです。そうすれば、**人の秀でた部分を自分にそのまま応用することができる**ようになります。

そして、そのためにきちんと人のことを観察する癖をつけましょう。「マネできる誰か」

のストックを多く持っておくのです。「ああ、あいつってこういうところに気を付けているんだな」「あの人は、こういう気遣いができるから人から好かれやすいんだな」と観察し、気付いて、いつでも実行できるようにしておくのです。そうすれば、適切なタイミングでうまく「マネ」ができるようになります。「モノマネ」のバリエーションをたくさん持っておき、「マネ」してゲームクリアを目指しましょう！

ゲーム⑨ 一目瞭然ゲーム

必要なもの：**メモ帳・ノート**
制限：**書き終えるまで**
勝利条件：**メモ帳やノートを見せて、「わかる！」と言われたらゲームクリア！**
こういう人にオススメ！：**メモやノートが汚い人、情報整理能力を上げたい人**

友達から「君のメモ帳を見せて！」「あなたのノート見せて！」と言われたら、あなた

はどうしますか？　なんの迷いもなく、「いいよ！　どうぞ！」と言えますか？　会議中に書いたメモや授業中にとったノートというのは普通、自分だけで見るものです。誰かに見られるためのものではありませんから、「見せて！」と言われると「え、ちょっとな……」と抵抗感を抱きがちです。でも、実は「いいよ！　どうぞ！」と躊躇なく言える人のほうが、その記述内容の定着率が高いのです。

「そんなバカな、自分だけが見るノートなのだから、自分だけがわかるノートでいい」と考える人も多いでしょう。実際、僕もそうでした。「自分だけがわかるノート」しか作っていなくて、他の人に貸しても「何書いてるんだかわからない」とよく言われました。でも、それだと成績が全然上がらないのです。

理由は簡単で、後から見直したときの自分は「他人」だからです。そういう「自分だけがわかるノート」を作っている人は、十中八九後からそのノートを見返したときに「……？」となるはずです。僕も、当時のノートが残っていますが、今見てもまったく理解できません。**過去の自分って、結構「他人」**なんですよね。なので、後から復習ができない。そうすると定着率が低くなり、成績の向上は望めないのです。

その逆に「誰が見てもわかりやすいノートを作ろう」とした場合、たくさんのいい効果があります。

まず、**「わかりやすいノートを作ろう！」とするその行為自体が論理的思考力を鍛える訓練になります。** ポイント⑦でもお話ししましたが、「他人の目線」を考えるとゲームの成功率が高くなります。

「誰が見てもわかりやすく」を意識してなにかを作り出す行為は、それ自体で「誰か」のことを考える訓練になります。独りよがりの考えでなく、誰かのことを意識してノートを作り上げる。これによって、自分だけの思考ではなく他の人の考え方も意識した、より多角的で論理的な考え方を身に付けることに役立つのです！

さて、それを実践するゲームが、この「誰が見てもわかるゲーム」です！　ルールは以下の通り。

❶ノートやメモ帳・議事録などを取るときにゲームスタート！

授業や会議、取材や会合の際にゲームスタートです！　制限時間は、ノートやメモを書き終えるまでです。

❷「誰が見てもわかるように」「その場にいなかった人でもわかるように」ノートやメモを書いていく

その授業や会議に出ていなかった人でも、どんなことを話したのか、要点がわかるように書いてみましょう。口で説明したらわかる、というものではなく、きちんとそのノートやメモ帳を読んだだけで理解できるようなものを作り上げるようにしましょう。

❸書き終わった後に誰かにそのノートやメモ帳を見せて「わかる！」と言われたらゲームクリア！

家族でも友達でも同僚でも、誰でもいいので、誰かに「これで理解できる？」とチェックしてもらいましょう。「わからない」とか「ここが理解できない」となったらゲームオーバー、「わかるよ！」と言われたらゲームクリアです。

★ワンポイントアドバイス！

「小学3年生が見てもわかるように」を1つの目安にして見ましょう。多くの場合、「これは理解できるだろう」という水準が自分だけだと高くなりがちです。その水準が低くなるように、「小学3年生の、文章は読めるけど理解度や読解力はまだまだ低い子供が理解できるかどうか」を意識すると、ゲームクリアしやすいです。

最近、「アクティブラーニング」が叫ばれ、主体的な学びのほうが効果が高いということが科学的に証明されています。その中で、「人に教えることで、自分の理解にも大きくつながる」ということが研究によって明らかになっているそうです。曰く、**「人にわかりやすく説明しようとする行為は、自分が本当に理解しているのか、理解していないとすれば、どこが抜けているのか、あやふやなのかを理解することにつながる」**とのこと。なかなか高尚な説明でわかりにくいかもしれませんが、しかし、みなさんも「人に説明することで自分の中で知識が整理できた経験」、あるのではないですか？

この「誰が見てもわかるゲーム」は、普通ならば受身的に「へえ、そうなんだ」で終わってしまいがちな知識や理解を、**能動的に主体的に「こういうことなんだ！」とより深く理解できるようになります。**「他人に見せる」という行為があるので、ただ知識を蓄える「インプット」では終わらず、その知識を運用する「アウトプット」という過程が入るからです。

僕は2浪したときにずっとこのゲームをやっていました。すべての科目のノートを毎日、予備校のクラスの友達にコピーして配っていました。そこで「ここ違くない？」とか「これどういうこと？」という意見を取り入れて来る日も来る日もノートを取ってはコピーして配ることを繰り返していました。元々は自分しかわからないノートを作っていたわけですが、このゲームを実践して、成績はぐんと上がるようになりました。

このゲームをより多くのタイミングで実践すれば、勉強のことだけではなく、ちょっとしたメモや議事録などでも、自分の理解度を格段に上げることができるようになります。

ぜひプレイしてみてください！

ゲーム⑩ 立場逆転ゲーム

必要なもの：	**なし**
制限：	**1日**
勝利条件：	**他人の立場に立てればゲームクリア！**
こういう人にオススメ！：	**自分の悪いところを直したい人**

「説明するときに、『説明された方はどう感じるのか』を意識すると、説明の質が上がる」。「料理をするときに、『料理を食べる相手はどう感じるのか』を意識すると、美味しい料理が作れる」。ポイント⑨で紹介したのは、「相手のことを考える」というテクニックでした。

でも、「相手のことを考える」って、簡単なようで難しいですよね。僕も、お年寄りに席を譲ろうとしたら「俺はそんなに歳じゃない！」と怒られてしまった経験があります。誰かのことを思いやったり、相手のことを理解するのってとっても難しいことです。そんな中で重要なのは、「相手の立場になって考える」ということです。「自分がもしこの人だった場合、どういうことを思うかな？」とか「これを受け取った相手はどう考えるだろう？」と、自分以外の誰かの立場に立って考えることで、自分以外の誰かの気持ちが理解できることも多いんです。

そこで今回ご紹介するのは、「立場逆転ゲーム」です。ルールは簡単です。

❶ その日1日で出会った人の中から、5人を無作為に選ぶ

誰でも構いません。家族でも、友人でも、電車で隣に座った人でも、買い物をしたレジの人でも、街で見かけた外国人でも、誰でもいいので選んでみましょう。制限時間は1日です。

❷ その5人が、「自分のことをどう見ているか」を考えてみる

相手が自分のことをどう捉えているのか、相手の目に自分はどう映っているのかを考えて見ましょう。

❸ 考えて、自分の中に改めるべき点を1つでも見つけたらゲームクリア！

たとえば、居酒屋の店員さんの気持ちになったときに「この店員さん、バイトで入りたてみたいだな。なら、こういう注文の仕方をすると困るよな」と気が付いたりとか、友達との会話の中で「こういう言い方をすると少し傷付いたかもしれない」という発言を見つけたりとか、そういう「自分の行動や言動が相手にとってよくなかったポイント」を見つけられたらゲームクリアです。

5人への対応を考えて、1つでも見つけられればゲームクリアです。5つ見つける必要はありません。でも、1つも見つけられなかったらゲームオーバー。こうやって1日5人の「別の人間の立場に立ってみる」という経験を積み、そこから自分の行為を客観的にみる、というのは、多角的な目線を得るのに非常に役立ちます。「多角的」というのは、**「いろんな人の立場に立って、いろんな物の見方ができる」**ということです。

ポイント⑧でもお話ししましたが、人間は普通、1人の人生しか送ることができません。しかし、「誰かの立場に立って物事を考える」ということを実践したり、ポイント⑨でもお話しした通り、誰かのマネをしたりしていくうちに、他の人の立場や自分以外の人の視点というものを獲得できるようになります。そうすれば、思考がより深くなってより多くのゲームをクリアできるようになります。

試験問題を解く際も普通なら「受験生」の立場でしか問題をみることができません。しかし、多角的な物の見方ができる人は「その問題を作った人の気持ち」を考えることができるため、「こういう意図でこの問題を作っているのなら、こういう答えが正解になるはず」と、解ける問題が増えます。

また、商品や作品を作る場合も同様です。「作り手」の目線でしか作れない人間よりも、「それを見る人」の気持ちがわかる人のほうが、ウケのいい商品や作品を作ることができます。**「自分以外の誰かになれる」というのは、とても稀有な才能なのです。**

実は僕は、以前は「論文」を書くのが苦手でした。特に「本を読んで、それに対してのあなたの意見をまとめなさい」というような論文は書きにくくてしかたありませんでした。「何を書けばいいのかな……」と。でも、このゲームを実践して、「相手方の気持ちになって考える」ことの訓練を実践した結果、「誰かの意見」をより深く理解できるようになりました。すると、結構楽に論文が書けるようになったのです。相手の気持ちになって考えると、「当事者感覚」が湧いてその意見に自分を近づけることができます。

だからみなさんもこのゲームを実践して、「誰かの立場」になって考えてみましょう。ご飯を食べるときにご飯を作った人の気持ちを考えたり、本を読むときに著者の気持ちを考えてみたり、服を着るときにその服を作った人の気持ちを考えてみたり。すごく些細なことでも、発見がたくさんあるはずです。**「人の気持ちを考えて行動しよう」なんて、ありふれた言葉ではありますが、しかし、真理だと思います。その方が合理的な行動が取れますし、論理的で多角的な思考力が鍛えられる。**「誰かの目線」に立って物事を考えれば、さまざまなゲームに勝つことができるのです。

ゲーム⑪

140文字説明ゲーム

必要なもの：	**Twitter**
制限：	**1日**
勝利条件：	**投稿した内容に「いいね」がついたらゲームクリア！**
こういう人にオススメ！：	**スマートに物事を説明できるようになりたい人**

あなたは今日あった出来事を、今日学んだなにかを、「140字で」説明することができますか？　140字というのは、Twitterの文字数制限と一緒です。東大の入試問題では物事を60〜90字でまとめる問題が多いので、それよりは少しだけ長い文字数制限ですね。

やってみるとわかるのですが、意外と難しいです。人間、どうしても他人になにかを説明しようとする時、長くなってしまう傾向があります。でも、実は説明が長くなってしまったら、それは理解していないのと一緒なんです。「えっ？　長い方がいろいろな情報があっていいんじゃないの？」と思うかもしれませんが、実はそんなことはまったくありません。

みなさんは、要点だけ簡潔に短く説明されるのと、長ったらしく説明されるのだったらどっちのほうが理解できそうですか？　当然、短いほうがいいですよね？　実は簡単に一言で要約できるかどうかは、人間が本当にそのことを理解しているかどうかを測る指標になるのです。東大の入試問題は、他の大学が２００文字くらいで説明させる物事を60〜90字という厳しい文字数制限の中で説明させます。

たとえば、「ラティフンディアとは何か説明しなさい」という世界史の問題は、東大でもそれ以外の大学でも頻出ですが、ほかの大学では１５０字や２００字で説明させるところ、東大は「60字で説明しなさい」という問題が出ます。また、英語の問題では他の大学では滅多にお目にかからない「要約問題」を課しています。読みやすい英文ながら、文字数制限の中に収めるのがとても難しい、という問題を出すのです。

「本当に理解できているのなら、短い文字数で簡潔に要点だけを述べることができるはず」。そういうポリシーで入試問題を作っているのです。その影響なのか、東大生の中には「話が冗長な人」ってあんまりいないです。具体的なデータがあるわけではありませんが、要点だけ簡潔に説明する人がかなり多い印象を受けます。

つまり、**「短くまとめて、相手に伝わる文が作れるか」が、自分の得た知識を本当に自分のものにできているのかを試すのにちょうどいい分水嶺なんです。**

そこで今からオススメするのが、「１４０文字説明ゲーム」です。ルールは至って簡単です！

❶ 今日あった出来事や、自分が得た知識をＴｗｉｔｔｅｒでまとめてみる

❷ Ｔｗｉｔｔｅｒで投稿して、1日以内に「いいね！」が付いたらゲームクリア！

たったこれだけです！

★ワンポイントアドバイス！
「#東大式習慣」で呟いてもらえれば、僕が検索させていただきます！　お気軽に呟いてください！　できる限り「いいね」させてもらいます！

Ｔｗｉｔｔｅｒの１４０文字制限がある中で、自分が得た知識をどうまとめればいいのか？　しかも、それを他人から「いいね！」してもらえるような形にするために、「わかりやすいツイート」をしないといけません。ちょっと大変ですが、しかし、このゲームをプレイすることで自分の知識を整理することにつながりますし、このゲームをクリアできれば、「自分が本当に理解できているかどうか」が客観的に判断できます。

ちなみにこのゲームは、実は東大生の何人かも同じようにゲームしていました。自分の意見を短い文字でまとめる訓練を、Ｔｗｉｔｔｅｒで行なっていた東大生が一定数存在していました。彼ら曰く、「自分の理解度を高める、かなりいい訓練になった」とのこと。

はじめはちょっとハードルが高いと思います。でも、やっていくうちに慣れてきて、効果を実感できるようになってきます。端的に物事をまとめて、しかも、それを他人にチェックまでしてもらえるのです。続ければ結構大きな効果があります。ぜひ実践してみてください！

ゲーム⑫
変化サーチゲーム

必要なもの：**なし**
制限：**10分**
勝利条件：**「変化前」「変化理由」「変化後」を言葉にできればゲームクリア！**
こういう人にオススメ！：**人の気持ちの機微を理解できるようになりたい人**

どんな些細な変化であっても、そこには何かしらの理由があります。

たとえば、「このお店のサービス急に良くなったな」と思ったら、店長が変わっていたりとか、「なんかこのゲーム、前とテイストが違うなぁ」と思ったら主要なスタッフが変わっていたりとか、変わらないものの中にも、変わっていく部分はあります。

日本の伝統的な価値観の一つに「守破離」というものがあります。伝統的な価値観や師匠の型などを「守」り、その後に他からの価値観や考え方を取り入れて既存のものを「破」り、そして最後には独自のものを作って「離」れる。変わらない本質的なものも残しながらも、新しいものを取りいれていく姿勢を忘れないということ。

松尾芭蕉はこの姿勢を「不易流行」と表現しました。**「変わっていくものもあるけど（不易）、その中にも変わっていくものもあるよね！（流行）」**という意味だそうです。身近なところで言えば、人気の駄菓子の「うまい棒」は約40年前から10円ですが、長さが変化しています。「10円」であることを変えずに、長さを長くしたり短くしたりして、時代の流れに対応しているそうです。

こんなふうに変化というものはどこにでも転がっているもので、変わらないものもありながらも、その中に変わっていくものも確かに存在しているのです。

みなさんは、この「変化」を分析したことはありますか？　他人がどう変わったのか自分の身の回りがどんなふうに変わっていっているのか、考えたことはありますか？

ポイント⑦でもお話ししましたが、周囲の環境というのは自分に影響を与える大きな要因です。こういう「変化」に対して敏感な人間の方が、より合理的に行動するためのヒントを数多く得ています。

机の上が汚いと勉強が捗らないように、家族の機嫌が悪いとこっちまで気分が悪くなるように、自分の身の回りの構成要素の変化はがっつり自分に影響を与えます。だから、**変化には自覚的なほうがいい**のです。

そこで変化を分析して論理的思考力を鍛えるのがこのゲーム、「変化サーチゲーム」です！　ルールは以下の通りです。

❶「変わった」と思う何かを発見したタイミングでゲームスタート！

友人の機嫌がいいとか、自分の犬が吠えなくなったとか、日常のちょっとした変化で構いません。または流行とか、自分の好みだったりとか、そういう抽象的なものでも大丈夫です。「変わったな」と思う何かを発見したら、そこからゲーム開始。

❷「変化前」と「変化理由」と「変化後」の3点を10分以内に言葉にできればゲームクリア！

紙に書かなくても大丈夫です。頭の中で言葉にできればゲームクリアです。「古い家屋があったけど」「家主が引っ越ししたらしく」「新しくマンションが建った」とか、そんなふうに言葉にできるかどうかをチェックしてみましょう。もちろん、「変化理由」は憶測で問題ありません。「多分こうなんじゃないかな?」という理由を発見できればそれでクリアです。

逆に「うーん、ここってこの建物が建つ前には何があったっけ?」「なんでマンションになったんだろう……まったく想像が付かない……」となったら、ゲームオーバーです。

前「彼女がいなくてナーバスだった友人が」
理由「この前ついに彼女ができたことで」
後「ご機嫌な気分になっている」

といった具合に、３つすべてをあわせて、きちんと言語化できればゲームクリアです。

このゲーム、こんなに単純なルールですが、すごく多くのメリットがあります。入試でも面談でも、「変化」というのは多くの場所で問われやすいです。「どうしてこういう変化が起こったと思いますか？　あなたの考えを教えてください」という質問に、あなたも人生で一度は出会ったことがあるはず。

これはどうしてなのかと言うと、論理的な思考力が問いやすい質問だからです。論理的な思考力がないと、変化したあとのことばかり話してしまったり、変化した理由が抜けていたりして、「変化の説明」として適切ではない回答をしてしまう人が結構多い。

逆に言うならば、このゲームを実践して**「変化」と言うものを「変化前」「変化理由」「変**

化後」の3つの観点から分析する経験をしておくと、論理的に物事を組み立てることができるようになります。僕も、この3つを意識して問題や質問に答えるようにしてからグンと成績が上がった経験があります。

また、「変化前」を言語化するためには、目の前で起きている出来事や状態が、「前」はどうだったのかを考えて思い出す必要性があります。普通、目の前で起きている現象が「後」だとは認識できないことが多いです。新しいコンビニができたとして、「へえ、コンビニができたのかー」というくらいで、その「前」にはどんなお店があったのかなんて考えませんよね？　でも、このゲームを何度も実践しておくと、「自分の身の回りのこと」にすごく自覚的になれます。

移り変わりが激しいものはどういうものなのか？　逆に変化しにくいものはなんなのか？　「前」に何があったのかを思い出す記憶力のトレーニングであるとともに、自分の環境の確認ののトレーニングでもあるわけです。またこのゲームは、「人間観察」のすごくいい手段です。

ポイント⑨で、「他人のことをきちんと観察する癖をつけて、マネできるようにしよう！」ということを言いましたが、しかし「観察しても、その人のこだわりとかテクニックとか、全然わからないよ……」と考える人も多いと思います。

そういう人に、このゲームはうってつけなんです。長所とか短所とか、テクニックとかスキルとか、そういう抽象的なものは、たしかになかなか気付けません。しかし、「変化」だったら簡単に気付けるはずです。

変化というのは、**「昨日までこうだったのに、今日はこうなってる」というような具体的なもの。**「あいつ、あの人の前ではこうやって態度を変えているのか」「こういう失敗を踏まえて、今日はこういう感じで行動してるのか、なるほど」と、他人が意識的に変えた行為を見れば、自分にも応用しやすいはずです。

しかも、このゲームの「答え合わせ」だって簡単にできます。「ねえ、今日はこういう風に昨日までとは違うけど、それってこういうこと？」と。そうやって相手のことを詳しく知れれば、「マネ」だって楽にできるようになるはずです。

「変化」というのは、日常のありふれたものですが、なかなかに奥が深いものです。変化を使いこなして、「ゲーム」を深めてみましょう！

極意 4

時には「ウラ技」で攻める

「正攻法」だけがゲームの攻略法ではない

就活で確実に欲しい会社の内定を手に入れるための方法を知っていますか？　僕ももうすぐ就活する身の上なんですが、１年上の東大の先輩が、その方法を教えてくれたのです。

「いいスーツを買う」でも、「試験官の質問を徹底的に研究する」でもありません。答えは、**「その会社の重役と友達になる」**とのこと。行きたい会社の重役が参加しているセミナーやイベントに行って、なんとか仲良くなれるように頑張って、「実は御社に行きたいんです！」と率直な思いをぶつければ、たいていの場合「君、面白いね！」と言ってもらえて、面接の裏話とか気を付けるべきことなどを教えてもらえたり、運がよければそこでもう「自分が口添えしておこう」と言ってもらえたりするのだとか。

「いやいやいや！　そんなのアリ⁉」と思う人もいるかも知れませんが、何も悪いことはしていませんよね。法に触れてもいませんし、その会社の重役の人は**「そういうイベントに参加して自分に率直な思いを伝えた『行動力』を評価したわけですから、裏口でもなければ贔屓でもなく、至って正当な評価なわけです。**

普通に就活するというのも手ですが、こんなウラ技を使うのも1つの選択肢としてはアリですよね。

ゲームでも同じことが言えます。別に普通の人がプレイするのとまったく同じように正攻法でプレイする必要なんてありません。ズルとかルール違反はダメですが、**ルール内であれば邪道やウラ技を使ってもなんの問題もない**はずです。4番目の極意はこれです。時には、「ウラ技」も使ってみる。ポイント③でお話しした「選択肢」の1つとして、「ジョーカー」を持っておくわけです。

「ジョーカー」がどういうものかは、ゲームによって違います。今考えている方法をすべて捨てて根本的にやり直してみるという選択肢かも知れませんし、テクニックに頼った姑息な手を使うことかも知れません。普通だったらまじめに就活するところを、それ以外の方法で会社に入る方法を考えてみるなど、王道とは大きく道を外れたというか、逆向きに進むような方法を考えてみるのも、時には有効なのです。

もちろん、正攻法でゲームをクリアするというのも1つの選択肢です。しかし、人生の中には「どうしても勝ちたい」という瞬間とか、「今のままでは勝てないけど、どうしても負けられない」という場面とか、結構多く存在しますよね。その後の人生がかかった受験とか、「甲子園まであと1勝！」という試合とか。そういう勝負時に、なりふり構ってられないときに使うのが「ウラ技」です。**ずっとこればっかりに頼っていてはよくないですが、それも自分の武器の1つとして自分の中に持っておくのは非常に有効です。**いざというときのために、「邪道」や「ウラ技」を、しっかり使えるようにしておきましょう！

極意④の大原則

いざという局面で使える「ウラ技」を用意していれば、ゲームクリアの確率は大きく上がる！

ポイント⑩ クリア条件から「逆算」してみる

今から紹介するのは、王道であり邪道な方法。東大生なら誰でもやっている「ウラ技」のテクニックです。「そんな、東大生がウラ技なんて使うの？」と思うかも知れませんが、使いまくりです。というか、東大生こそウラ技に長けています。

試験で確実に点数を取るための姑息なテクニックとか、難しい問題があった時に1点でも多く稼ぐ方法とか、そういうのが得意な東大生は多いです。テクニックも素の学力も全部使って東大に合格したという人が多いわけです。そして、そんな東大生だったら誰でもやっているウラ技が「逆算」です。

ポイント②でも説明しましたが、「ゲーム式」のいいところは「目的の明確化」にあります。**目的が明確だからこそ、そこに行き着くまでの戦略が立てやすい。**しかし、多くの場合、戦略を立てるというのは「目的にどうやったら行き着くか」を考える行為。「70点取るなら、0点の状態からどうやって70点分を稼ごうか？」と論理的に考えるのが「戦略」です。

それに対して、「逆算」は「70点」から思考がスタートします。そして、いらないところを浮き彫りにする。

たとえば「100点満点中70点取るということは、30点分は落としてもいいわけだ。ということは、この15点の問題は最初から対策しなくていいな」とか、「70点のうち20点分だけここの問題から稼げばいいんだから、ここはもう対策いらないな」とか、そんなふうに必要ない部分を全部捨てるのです。**「目的」というゴールから計算して、いらない部分を削ぎ落とし、必要な部分だけに注力する。**それが「逆算」です。

逆算して考えれば、必要のないところに時間をかけないで済み、目標に向かっての最適行動をとることができるようになります。「ゲーム式」で目的が明確化している状態ならば、問題なく「逆算」を実践できます。「捨てるべきところは捨てることができるようになる」「どういう対策が必要なのかをゴールから逆算して考えて、ゴールへの本当の最短距離で行動することができるようになる」というわけです。

本を読むときに「どうしてその本を読むのか」「その本を読んでどういう知識を得たいのか」を逆算した上で本を読むことで「ああ、ここの部分はきちんと読まなきゃ」「ここは読み飛ばしていいな」というようなポイントを理解できるようになりますし、CDを買う際に「どういう音楽が聴きたいのか」から逆算して考えることで、浪費することなく最適なCDのみを買うことができます。目的に合わせ、そこから逆算した行為をする。これによって、**勉強や試験から日常生活まで幅広く、無駄を削ぎ落とした合理的な行動をとることができるようになる**のです。

東大生はこの「逆算」がうまいです。無駄な行為は一切しないで、無駄だと思うことには時間を一切掛けない。必要なところにだけ自分の時間を投資して、必要のない事には一切時間をかけません。

だから、授業が終わったらすぐ帰ります。教室でダラダラしたりする東大生はあまりいません。教室に残っている学生はたいていの場合、出口が混んでいるからその時間を使って別のことをしているか、友達との交友を深めるという目的のために行動しているかのどちらかです。

みなさんも、「逆算」をうまく使いこなしてみてください。どこまでを「無駄」と考えるのかは人によるでしょうし、何度も言いますが王道のやり方ではありません。しかし、**逆算の持つ「必要のないところには時間をかけない」という効果は意味のあるものです。**「ウラ技」として、みなさんもぜひ活用してみましょう！

ポイント⑪ 逆に「制限」してみる

「火事場の馬鹿力」というものがあります。ピンチになると、人間のリミッターが外れて普段は使うことのできない力を発揮できることを言います。「背水の陣」という言葉も同じ意味で使われますね。

しかし、別に火事場や水辺を背にしていなくても、これと同じことって結構起こりますよね。たとえば「宿題は1週間後まで」と言われたら「まあ、いつかやればいいや」となってしまいがちですが、「宿題締め切りはあと1時間だぞ！　急げ！」と言われたら「ええ⁉」が、頑張らなきゃ！」と普段の何倍ものスピードで終わらせることができたりします。「いつまでもいいよ」と言われるよりも「〇日までね」と言われたら頑張れるように、または苦境の中にあった人物の方が素晴らしい芸術作品を作り上げられるように、**人間は制限されたり苦境にあるとポテンシャルを発揮できる生き物**です。

「余裕があった方がいいものが作れる！」という人もいますが、追い込まれて焦っている状況の方が潜在的な能力を発揮できるというのは確かです。ゆとりや余裕も大切ですが、その逆で、適度なストレスというものも人間には必要になってきます。

この「火事場の馬鹿力」を効率的に利用します。つまり、わざと思いっきり制限を厳しくするのです。ゲームのルールにわざと厳しい制約を作ることで、自分を追い込む。**自分で自分を追い込み、「背水の陣」を作り上げ、いつもはクリア不可能なゲームをクリアできるようにするのです！**

「ええ!?　そんなの無理だよ！」という人もいるかもしれませんが、別にそれでも問題ありません。失敗しても、過酷な条件下で頑張った経験は確実なレベルアップにつながるからです。風邪を引いたりして身体が不健康なときほど「健康」の価値を感じられるように、**背水の陣で戦った経験があれば、普段の「ヌルさ」を実感できるようになり、確実に成長することができます。**

たとえば、普段英語を2倍速で聞いている人が、英語の試験でいつもの2分の1の速度の音声が流れるリスニング問題を解いたとして、どう思うでしょうか？「なんだ！　この程度のスピードなら全然簡単にできるじゃん！」と思うはずです。テスト問題を40分で解いている人は、80分の試験時間が与えられたら「長いな！　これなら簡単に解き終わるな」と考えるはずです。こんなふうに厳しい制限を一度、経験することで、普通のゲームが簡単にクリアできるようになったりするのです。

実はこの「半分の時間で問題を解く訓練」、僕は毎回テストの前に実践しています。ほとんどの場合、解ききれません。でも、一度「半分の時間」を体感しておくことで、何か問題が発生した時でも「大丈夫！　僕は一度、半分の時間で解く訓練をしているもの！」と安心感を得ることにもつながります。

ダイヤモンドが地中深くでものすごいプレッシャーをかけて形成されるように、**人間を成長させる環境というのはいつだって過酷な逆境状態です。**勉強以上に選択肢が無数にあるビジネスにおいては、「ウラ技」はなおのこと有効なのではないでしょうか。制限を自ら設けることで、意外なアイデアが思いつくこともあるはずです。困難で厳しい状況下にあった人間のほうが、より高いレベルに進むことができます。

だからみなさんも、タイミングを見つけて自分のことを虐めてみてください。制限時間を半分にしたり、ゲームクリアの条件を超難しくしたり、すっごく厳しい制限の中でゲームをしてみることを実践してみてください。そのほうがきっと、レベルアップできますし、「背水の陣」で自分でも知らなかったポテンシャルを発揮して、「ウラ技」的にゲームクリアできるかもしれません。

ポイント⑫

ウラ技を教えてくれるのはいつも「他人」

「ウラ技」は自分だけでは思いつかないことが多いです。僕はゲームのウラ技テクニックはたいてい友達かネットから情報を得て実践していますし、また先ほどの極意④の就活の話だって、先輩から教えてもらってはじめて気付きました。

同じようにゲームの「ウラ技」を教えてくれるのは、いつだって「他人」です。自分一人でゲームのウラ技がわかってしまうゲームというのはほとんど存在しません。「他人に教えてもらわなきゃダメなのなら、ゲームのウラ技なんてずっと理解できないのでは？」と思う人も多いでしょうが、現代において、「ウラ技」を知るための手段は「他人から直接教えてもらう」以外にもたくさんあります。

たとえば、「本」です。就活についての本や、受験についての本など、さまざまな人が自分の知見をまとめて一冊の本として出版してくれています。それらの**本を読めば、自分**

では体験できないことや、自分がまだやっていない経験、そしてそこから得た情報など、著者の人生の追体験をすることができます。まだ就活や受験をしていない人でも、就活や受験がどういうものなのかを知ることができるわけです。

そして、もう一つは、「ネット」です。ネットで検索すればたいていのウラ技は発見できます。僕は困ったらまずＹａｈｏｏ！知恵袋を見て同じ悩みを持つ人がいないかを確認します。意外と同じような悩みを抱えて「ウラ技」を求めている人って結構いますし、それらの悩みに答えて「ウラ技」を教えてくれる人もいます。

または、ＳＮＳで検索すると、同じような悩みを持つ人というのも見つけやすいです。そして、すでにその悩みを解消した人とつながることも容易です。極端な話ですが、今の時代、本を読んで、ネットで検索したら、たいていの物事の「ウラ技」は入手できます。

これに僕は、これまで何度も助けられてきました。「こういう試験を受けなきゃならなくなったけど、まったく情報が無くて対策の仕方がわからない！」という時でも、検索すると同じ悩みを持っている人がいたり、本を調べると「そういう人でもこの一冊をやっておけば大丈夫！」という参考書が売っていたりして、ちょっと「他人」に頼るだけで全然効果が違ったりします。

「正攻法以外の方法はないか？」と考えて行動していると、意外と他人が助けてくれるわけです。

もちろん、他の人に頼りっぱなしだったり、「ウラ技」ばかりに頼っていてはいけません。「こうやって勉強すればいい成績が取れるよ！」と知っても行動しなければゲームクリアはできませんし、「もっと簡単な方法はないのか？」と簡単な方法ばかり探していては成長できません。

しかし、武器として持っておく分には自分にとってプラスなことしかありません。**「ウラ技」を持ち札の一枚として持っておけば心に余裕が生まれます。精神的安定を得るためにも、「ウラ技」を持っておくのは有効な手段なのです。**

極意③でお話しした通り、周囲をうまく使うことができるかどうかというのは、ゲームの上達に深く関わってきます。周囲をうまく使って「ウラ技」という手札をゲットするようにしましょう！

ゲーム⑬　イライラサーチゲーム

必要なもの：	**なし**
制限：	**5分**
勝利条件：	**イライラの原因を2つ以上発見できればゲームクリア！**
こういう人にオススメ！：	**イライラすることが多い人**

ポイント⑪では「逆境でこそ人間は成長できる」というお話をしました。しかし、そうは言っても人間には、なかなか受け入れがたい逆境というのも存在しますよね。

たとえば、嫌いな人と一緒にいるとき。ソリの合わない人と一緒にいると、なんだかイライラしちゃいますよね。または、自分が言われたくないことを言われてしまったりすると、腹立たしくてゲームどころではなくなるという人もいるのではないでしょうか。

これは人間としては当たり前、ごく普通に感じるべき感情ではあるのですが、しかしこういうところでこそ、実は人間は成長できます。

なぜなら**自分をイライラさせる人間や言葉というのは、自分の人生がうまくいかない原因を教えてくれるものだからです。**

イライラしたということは、自分にとって何か受け入れがたい部分があったからだと思います。その指摘が当たっているか当たっていないかは置いておいて、イライラしたということは人間として感情が動いたということ。ならば、その変化にはなんらかの原因があるはずですし、その原因を調べればあなたの弱点や短所が理解できるようになるかもしれません。

僕も、「なんかこいつにこういうこと言われるとイラつくな……」と思うこと、結構あるのですが、冷静になって考えてみると、それが自分のコンプレックスだったことに気が付いたり、またはその指摘が的を射ているが故にイラッとしていることがわかったりして、意外と「イライラ」から学べることが多いです。

そういう「イライラから学ぶ」を可能にするのがこの「イライラサーチゲーム」。ルールはゲーム⑫とほとんど一緒です。

❶ 自分が「イライラしている」と自覚したタイミングでゲームスタート！

ゲームスタートは、「イライラを自覚した瞬間」。そこからゲームは開始です。

❷ 「イライラの要因」「どうして自分がイライラしているのか」を5分以内に2つ以上言葉にできればゲームクリア！

なぜ自分がイライラして腹立たしいと思ったのかを、自分で2つ以上考えてみましょう。たいていの場合、イライラの原因は複合的なものです。

「連日忙しくて休みが取れない」「それなのにまた連絡が来て仕事が入った」とか、「彼女とうまくいっていないときに」「会社で失敗してしまった」とか、そうやってさまざまな原因が結びついて作られたのが「イライラ」です。それをきちんと言語化できればゲームはクリアです。

「イライラの原因がわかったところで何の意味があるんだよ！」とイライラしている方もいらっしゃるでしょうが、焦らずに考えてみてください。**「イライラする」というのは精神を半分以上怒りに持っていかれている状態**です。当たり前の話ですが、イライラは少ないほうがいいですし、その方が他のものに目を向ける時間も確保することができるため、合理的です。

なので、一度「イライラするのはなぜなのか？」を考えてみると、多くの効果があるんです。自分の何が「イライラの対象になるのか」を客観的に見つめることができ、それによって自分の弱点や苦手分野もわかります。「仕事がたまっててイライラしている」となれば、「マルチタスクが苦手みたいだから、今後は避けよう」とか「休息を入れないと自分はイライラしてしまうらしいから、今後はきちんと休息を取ろう」とか、そんなふうに対策を考えることができます。

「あの人のああいう言動が気にくわない」となれば、そのことをその人に話してやめてもらうのもいいですし、逆にそれが自分の個人的な原因に拠るものなのであれば、きちんとその人の何が合わないのかを理解して、その上でその人とは話さないようにしようと判断してもいいはずです。**合理的に考えると、「イライラ」にはこんなに分析価値**があるんです。

自分の人生がうまくいかないのは何でなのか。自分は何に対して苛立ちを覚える人間なのか。何が嫌いで、何が弱点で、どういうことを修正しなければならないのか。そういう多くのことを教えてくれるのが、「自分のことをイライラさせている出来事や人」です。だからこそ、このゲームで「腹立たしい」という感情を分析してみましょう。「イライラ」から、多くの大切なことが学べるようになるはずです。

ゲーム⑭

イラスト化ゲーム

必要なもの：**パソコン・スマホ**
制限：**なし**
勝利条件：**自分のアイデアや説明をイラスト化できればゲームクリア！**
こういう人にオススメ！：**情報整理能力をあげたい人**

みなさんは絵を描くのは得意ですか？　僕は苦手です。「絵しりとり」をやると、僕からズレてみんなに怒られます。

でも、イラストって実はとっても重要です。なぜかというと、イメージを共有することができるから。たとえば、みなさんは、「カッコいい男の人」と言われて、どんな人を想像しますか？　岡田将生でしょうか、玉木宏でしょうか、菅田将暉でしょうか、それともチェ・ゲバラでしょうか。人によって想像する「イケメン」って全然違いますよね。

僕が「みなさんが誰も見たことがないような超絶イケメン」の話をしていたら、みなさんはイラスト付きじゃないと想像することができないはずです。というか、想像したとしても、絶対にどこかで齟齬が生じる。なぜならイラストがないと自分の想像の範疇でしか事象を捉えることができないからです。

「ああ、こういうことでしょ?」と口では説明できたとしても、イラストがなければ具体的なイメージは湧きづらいです。これは、人間の脳の問題でもあります。言葉で表現するのとイラストで表現するのとはまったく脳の中で使う部分が異なります。**言葉だけで説明するのと、イラストを交えて説明するのとでは理解度が全然違う、というのは科学的に論拠のあることなのです。**しかし、「うーん、イラスト化かあ……やった事ないなあ」という人が大半だと思います。そこでご紹介するのが、「イラスト化ゲーム」です。

ルールは簡単です。

❶ 誰かに自分のアイデアを説明したりプレゼンしたりしようとする際にゲームスタート！

❷ 自分のアイデアをイラスト化してみて相手が「わかった！」と言ってくればゲームクリア！

ね？　簡単でしょ？

プレゼンの時や人にアイデアを説明しようとするときに、どんな形のものでもいいから「イラスト」を作ってみるのです。普通に紙に書いてもいいですし、パワーポイントでイラストを作成してもいいです。グループディスカッションならば椅子と机の絵を描いて、「ファシリテーターがここに座って、机に画用紙を置いて……」とイラストを描いてみるのです。

イラストの例はこんな感じです。　図形を使ってもいいですし、「いらすとや」などの無料イラストを使ってもグラフを使っても写真を使っても構いません。とにかく自分のアイデアや説明をイラストにしてみるのです。

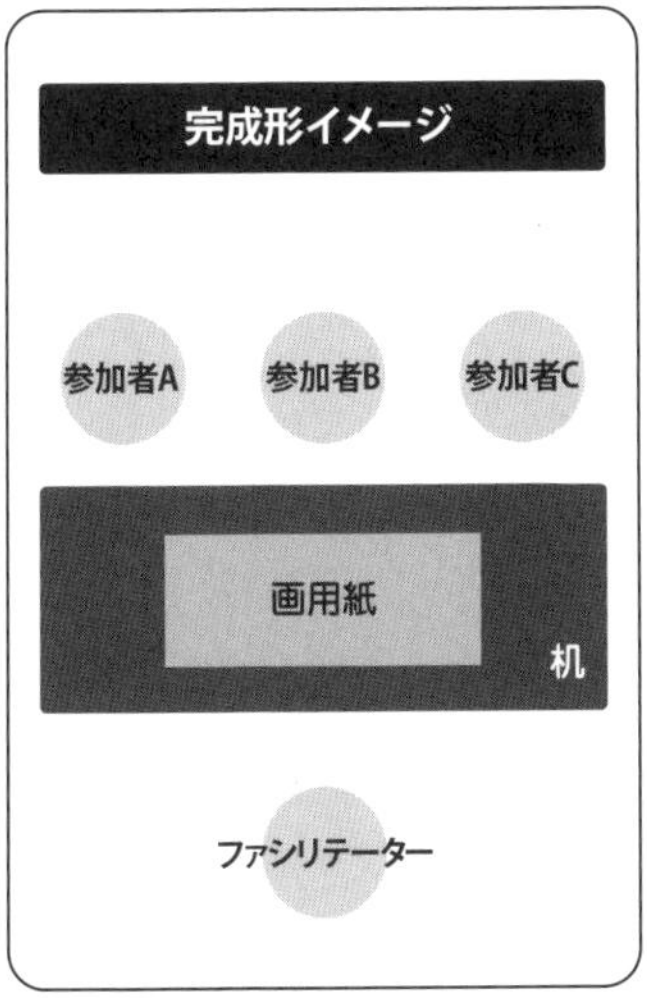

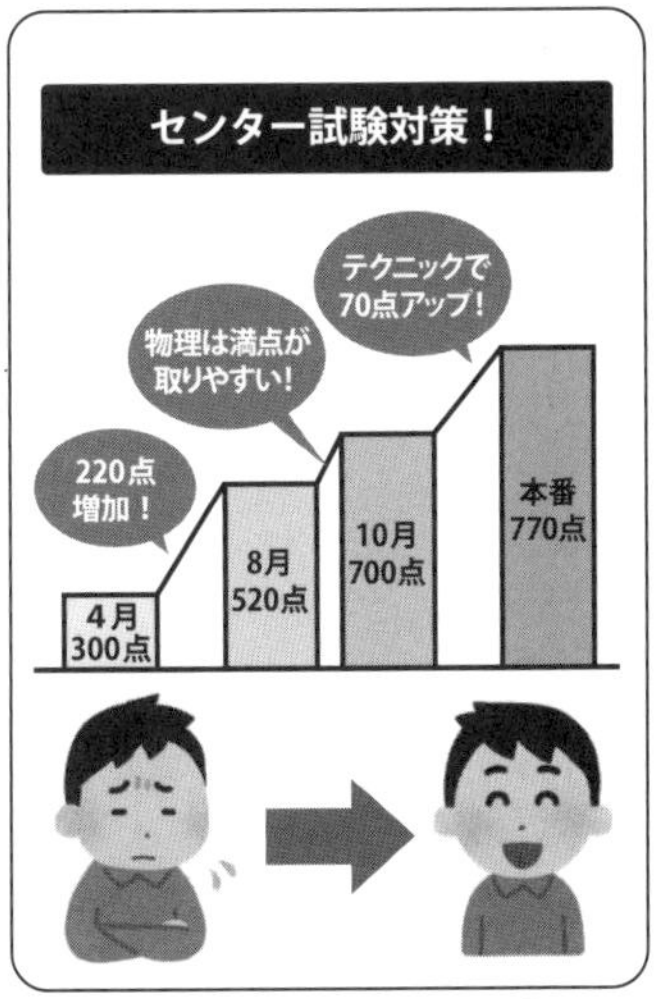

「いやいやいや！　イラスト化なんて無理だよ！」と思う人もいるでしょうが、**難しいことだからこそ価値がある**のです。ポイント⑪でもお話ししましたが、「厳しい制限」というものは自分のことを大きく成長させてくれます。

ここでいう「厳しい制限」とは「イラスト」のこと。「イラストをつけて説明しなければならない」という厳しい制限化で自分のアイデアを説明するというのは、**他の人とのイメージのすり合わせができるだけでなく、自分のアイデアへの深い理解やより強い愛着を生み、自分も自分のアイデアがよくわかるよう**

になります。

どうしても難しい人は、まずネットで、自分のイメージに会う写真を探してみましょう。「これこれ！　こういうイメージ！」というものを写真で見つけるのです。たいていの場合、イラスト化できないのは自分自身が具体的なイメージが湧いていないからです。

なので、まず先に写真を見つけて自分の中での具体的なイメージを作り上げましょう。それをマネすれば結構ラクにイラストを作れますし、「いや、もうこの写真のまんまだな」と思ったらその写真を「イラスト」としても構いません。ネットの画像検索だけでなく、Ｉｎｓｔａｇｒａｍを利用してもいいですし、「写真ＡＣ」というサイトでは写真が無料でダウンロードできます。探してみると他にも無料画像サイトが結構たくさんあります。それらをガンガン使って、具体的なイメージの湧くものを探していけばいいのです。

絵心がない人、イメージ化が苦手という人もいるでしょうが、大丈夫です。先ほども言いましたが、僕もそうです。僕は長い間、「絵心・イラスト力」がレベル１でした。

それでも、やっているうちに慣れてきて、今ではなんとかイラスト化できるようになりました。今はレベル3です。そんなふうに「イラスト化ゲーム」をすることで、絵心やイラスト力も上げることができます。ぜひ実践してみましょう！

ゲーム⑮ スマホ断ちゲーム

必要なもの：**なし**
制限：**1週間**
勝利条件：**決められた時間中スマホを切っておければゲームクリア！**
こういう人にオススメ！：**スマホを1日中いじって、時間を無駄にしている人**

みなさんは、**鳴った電話にはすぐに出ますか？　僕は出ません。**「えっ、社会人としてどうなの？」という人もいるでしょうが、たとえば、仕事に関係するような重要な連絡などはさすがに極力出るようにします。でも、友達からの連絡とかセールスの連絡とか、そういうのはすぐには出ません。火急の用事なんて、そんなに起こらないものです。「あな

たの家が火事よ！」というくらい緊急の連絡が来ることなんて、滅多にありませんよね。大半の電話は「後からでもいいけれど、たまたまそのタイミングで電話してきているだけの電話」です。

それによって、誰かとのコミュニケーションが中断したり、読んでいる本を中断したり、思考が中断されてしまうのは残念だと思いませんか？　せっかく楽しくおしゃべりしていたり、本に没頭していたりするのに、電話でそれが中断されてしまうというのはとてももったいないこと。鳴った電話にはすぐ出ないほうが合理的であることが多いのです。

同じことがＬＩＮＥやメールにも言えます。ＬＩＮＥやメールが来ると、どんなタイミングでもなんとなく「早く返信しなきゃ」と思ってしまう人、意外に多いのではないですか？　たしかに返事が早い人のほうが信頼が置ける、ということはもちろんありますし、また電子的なコミュニケーションは即返事をするべきだという意見には同意できます。

しかし、**自分の時間を他人に握られた状態でいるというのはよくありません。**フランスでは、2017年1月に勤務時間外のメール禁止法が施行されました。「仕事は仕事。家に帰ってまで仕事のメール見てちゃダメだよ！」ということですね。

現代人は、SNSやメールなどの電子的なコミュニケーションによって自分の時間を持ちにくくなっています。だからこそ、それを意図的に遮断して、自分の時間を持つようにするという「厳しい制限」を自分に課す、というのも実は非常に合理的なのです。こうやって「意図的に自分の時間を持つ」ためにオススメなのが、「スマホ断ちゲーム」です。

ルールは超簡単です。

❶ 1週間に1回、「ここの時間は誰にも邪魔されたくない！」という時間を見つける

「ここはおしゃべりに没頭したい！」「本を読むのに時間を使いたい！」という目的のための時間でもいいですし、「とにかくぼーっとする時間を持ちたい」と思うのも問題ありません。とにかく「ここは自分の時間！」という時間を決めましょう。

❷ その時間の間、ずっとパソコンとスマホの電源を切っておければゲームクリア！

切っておくだけで構いません。とにかく電子的なつながりを断ちましょう。1時間でも2時間でも、電子的なつながりを切って自分だけの誰にも邪魔されない時間を持つのです。

このゲーム、「超簡単」とは言いましたが、すごく簡単にゲームクリアできてしまう人とそうでない人とではっきり分かれます。「見なきゃダメなんじゃないか」「友達が連絡して来たらどうしよう」と気になってしまう、という「スマホ中毒」の人、結構多いのではないでしょうか。そういう人こそあえて、このゲームを実践して「厳しい制限」に耐えてみてください。きっと何か見えてくるものがあるはずです。

極　意
5

「大逆転」を楽しむ

ビギナーズラックや大番狂わせこそゲームの醍醐味

ゲームいうのは、「何が起こるかわからない」という「ギャンブル」の要素も含めて「ゲーム」です。たとえば「ビギナーズラック」と呼ばれる現象を知っていますか？　初心者がツキを手に入れて、なぜか熟練の勝負師を倒してしまうような現象のことを言います。また、スポーツ漫画などでは、圧倒的に相手が有利な状況から大逆転する「番狂わせ」の展開が往々にしてよくありますね。野球でいうならば、「9回裏3点差、ツーアウトランナー満塁」ってすっごい盛り上がりますよね。そんなふうに**大逆転や予想に反する勝利があるからこそ、ゲームというのは面白い**です。

どんなに勝てなさそうな状況であっても、困難な状況に追い詰められても、まだ勝てる可能性が残っている。それが「ゲーム」のいいところです。最後の極意はここにあります。時にはゲームの持つギャンブル性をフルに活かして、「番狂わせ」を目指す。「ゲーム式」で、無茶な状況・困難な障害を覆して勝利を目指すことこそが、5つ目の極意です。

哲学者のセネカはこんな言葉を残しています。**「困難だからやらないのではない。やろうとしないから困難なのだ」**と。普通に考えたら不可能なことでも、自分から見たらとても困難なことでも、やってみたら案外なんとかなる、というのはよくある話です。

ベンチャー企業の社長の多くはこれと同じようなことを言ってますよね。「誰もやろうとしないところにこそ、ビジネスチャンスはある」とか「実践することでしか成功は掴めない」とか。こういう考え方、僕はすごい好きです。なんといっても僕も、偏差値35から東大に合格した人間ですから。

自分の身の丈にあっていない目標や、とても勝てそうにないゲームを作ってもなんの問題もありません。極意②でお話しした通り、レベルアップを見越して高い目標を設定しておいて、失敗しながらもどんどんレベルアップしていくというのもいい選択肢です。

また、極意④で説明したようなウラ技を総動員して実現可能性の低い番狂わせを起こすというのもありです。

とりあえず、やってみればいいのです。実践すればもしかしたら番狂わせで勝てるかもしれないし、逆に実践しなければ失敗から学ぶということさえできない。だから、**実現可能性の高い、「安全な」道ばかりを選ぶのではなく、「危険だけど目指す価値がある高い目標」を持って、ゲームを最大限楽しむというのも大いに結構です。**

やるからには「逆転勝ち」を目指しましょう。あえて困難でリスクがある道を選んで、熱いゲームをプレイするようにしましょう。そっちの方が、実は合理的で、結果が出やすいです。

極意⑤の大原則

ゲームも人生も「逆転」があるから面白い！

ポイント

⑬

逆転に必要なのは「前」と「ウラ」

さて、極意⑤のここまでの解説を読んで、みなさんはどう感じましたか？「なるほど！じゃあ困難で実現可能性の低い目標を設定しよう！」と考える人は、なかなかいないと思います。「そうは言っても、逆転勝ちなんてなかなか目指せない！」「安全で実現可能なものばかりを選んでしまいがちだ」という人が多いのではないでしょうか。

その考え方もよくわかるので、ここから先は僕も「ゲーム」します。ポイント⑬〜⑮で、「逆転の手段」をみなさんにご提案します。そのポイントを読んで、みなさんが「逆転」を試すようになれば、ゲームクリアです。

逆転の方法をいっぱい知れば、みなさんも「少しくらい試してみようかな？」という気になるかもしれません。そういう気持ちで僕はお話ししますので、みなさんも同じ気持ちで読んでみてください。

まずみなさんにオススメしたいのが、「前」と「ウラ」を考えるということです。**逆転というのはいつでも、「前」と「ウラ」をうまく使いこなした人のところにやってくる**ものです。物事の「前段階」、上流にあたる部分をしっかり考えて、それを元に物事の「ウラ側」をしっかり捉えた人が逆転できるのです。

たとえば僕は偏差値35から東大に合格しましたが、それも「前段階」と「ウラ側」を活用したからです。過去を否定するのではなく、「偏差値35で、地頭が良くない」という「前段階」、過去を否定しないで受け入れて、それでもどうやって合格するのかということを考え抜いて、**「その上で東大に合格するために、どうやったら点数を1点でも稼げるのだろうか？」「姑息でもなんでもいいから点数を上げる手段はないだろうか？」**と学力という「表側」ではなく自分の点数をいかにして上げるのかというテクニック、「ウラ側」の方法をたくさん考えたので合格できました。「前」と「ウラ」をフル活用して逆転したのです。

どんなゲームだってそうです。野球やサッカーで逆転するためには、相手チームが強いという「前段階」をしっかり受け入れなくてなりません。そしてその上で、何か相手の「表側」の強さを崩せるような「ウラ側」がないかを調べます。「ここの守備は強いけど、こっちの守備は弱いから狙い目だ。ひょっとするとここの守備は練度低いのではないか？」とか、前段階から学べることをフルに使ってウラ側を知ればこそ、逆転できるのです。「前」というのは、つまりは文脈です。どうしてそうなったのか、なぜその状況に至ったのか、そういう過去からの流れが「前」です。

普通、逆転勝利するためには過去の自分や今までの流れなどを否定したいと思うもの。しかし、それでは逆転できない。逆転の糸口になる「ウラ側」が見えてこないからです。

すべての物事には「前段階」と「ウラ側」があります。

たとえば、有名なサルの実験があります。5匹のサルを檻の中に入れて、バナナに紐をつけて吊るしておきます。当然、バナナを引っ張るサルが現われますが、このバナナには仕掛けがあって、引っ張ると檻の中のサル全員に氷水がぶっかけられるようになっています。一度、1匹がバナナを引っ張って全員に氷水がぶっかけられた後は、どのサルもバナナを引っ張らなくなります。次にサルを1匹交代させて、新しいサルを1匹、檻の中に入れる。すると新しいサルはそんな事情なんて知りませんから、バナナを引っ張ろうとします。するとどうなるか？　新しいサルを止めるために、残りの4匹がサルをボコボコにして止めるのです。また1匹サルが交代されると、さっきボコボコにされたサルも、今度は新しいサルを攻撃します。氷水をかけられた経験もないのにです。

極意①
極意②
極意③
極意④
極意⑤
□解説
■ポイント
□ゲーム

そうやって1匹ずつどんどん新しいサルに交代していった場合にどうなるか？　**全員が「バナナを引っ張れば氷水がぶっかけられる」ということを知らない状況になっても、新しいサルがバナナを引っ張ろうとするのを全員で止めるようになるのです。**

世の中には、このサルと同じように、「どうしてバナナを引っ張ってはならないのか」という「前」の文脈や、「バナナを引っ張れば水がかけられる」という「ウラ」事情を知らないままに生きている人が多いです。僕だってそうです。僕も、知らず知らずのうちに、ほかのサルを止めにはいっているのかもしれない。

でも、「前」の文脈と「ウラ」事情がわかれば、何かを変えられるかもしれません。水がかからないように工夫したり、引っ張らずにバナナを取る手段を考えたりとか、知ればきっと何かを変えられます。この状況を変えられます。

逆転の糸口はここにあります。ただ「あの誰も引っ張らないバナナを引っ張ろう！」と言ってもうまくはいきません。「前」と「ウラ」を知ることで、状況をひっくり返せる。「逆転」できるのです。

まずはみなさん、「逆転したいこと」「誰もやっていないこと」をゲームとして設定してみませんか？　そしてその「前」と「ウラ」を知ってみて、知った上で行動してみる。世の中の大半の大番狂わせは、そうやって発生しているのですから。

ポイント

⑭ プロの「ビビり」になる

成功者のほとんどは、プロの「ビビり」です。なんていうと、ほとんどの人は「えっ？経営者とか全然ビビってるように見えないけど……」「大胆なことができる人が成功者なんじゃないの？」と思うかもしれません。たしかに大胆な行動が取れる人間というのは強いです。ビビってるだけで、怖がっているだけでは前には進めません。でも、**成功している人間というのは、適切なタイミングで「ビビり」になれる能力を持っているんです。**

僕の友達にプレゼンテーションがめちゃくちゃうまいやつがいます。淀みなくわかりやすく説明し、適切なタイミングで人を笑わせながら、時間ぴったりにプレゼンを収めるのです。でも、彼は僕にこう語ります。「人前で話すのめっちゃ緊張する」と。あれだけ素晴らしいプレゼンをする彼ですが、プレゼンの前には緊張するし、めっちゃビビるそうなんです。そして、だからこそすごい準備をするそうです。プレゼンの前日に時間を取って、入念に入念に準備をした上でプレゼンを行うそう。**めっちゃビビる彼だからこそ、素晴らしいプレゼンができるわけです。**

素晴らしいもの、素晴らしい発表、素晴らしい達成というのは、入念なチェックと準備があってはじめて作られます。「もしかしたらこういうことを言われるかもしれない」「もしかしたらこの点で否定されるかもしれない」。そうやって怖がるからこそ、素晴らしいものが作れるものなのです。

同じように受験生の中で「受かりやすい」学生というのは、「自分が合格できるか否か」が不安な人間だと言われています。「俺は受かる!」と自信がある人は本気で勉強しないし、「俺はどうせ落ちる」とネガティブな人もやっぱり本気で勉強しない。「俺は受かるかもしれないし、落ちるかもしれない」と不安に思っている人だけが本気で勉強できるわけです。「不安だからこそ、頑張らなきゃ！」と。

勝ち負けが明確で、結果がわかりやすいゲームも同様のはずです。「ラスボスは強いだろうから、きちんと準備しておかなきゃ！」と装備とか道具とかを揃えて、レベル上げをして、その上で挑むはずです。それはラスボスにビビっているからですよね。

「ビビり」には2種類あります。決心する前にビビるのと、決心した後にビビるのとの2つです。決心する前にビビっているのはただのビビり。「挑戦したってダメに決まってる」とか「大逆転なんてできっこない」とはじめから諦めるのはよくありません。そういう人は結局何もできない。動き出すのが遅いからです。

それに対して、決心した後にビビるのはプロのビビりです。「失敗するかもしれない」と、決定したことに対してビビれば、どんな物事もクオリティを高くしていくことができますし、失敗がなくなるようになります。「かもしれない運転」をすれば事故が少なくなるように、ビビっていればたいていの物事は成功します。決心した後にビビるのは合理的な人間なのです。

「ビビる」のは、決心した後でいいのです。困難なゲームを設定して、その後からビビるようにする。「できっこないからやらない」のではなく、「できっこないから頑張らなきゃ」と発想を変えるのです。そうすれば、どんなゲームにも果敢に挑戦して、ゲームクリアできるようになります。

ポイント⑮

自分の中の「バカ」をフル活用する

みなさん、「バカ」になりましょう。「バカ」になれば大逆転も容易です。「……はっ？」と思った方も多いでしょう。しかし、**論理的思考力を得て、東大に入るような頭の良さを得るためには、「バカ」になるのが一番手っ取り早いのです。**

そんな「バカ」な、と思うでしょう。でもたとえば僕は、今まで300人ほどの東大生と交流してきましたが、ただの一人だって「自分は頭がいい」と言う人はいませんでした。

「俺、頭は悪いんだけど……」と言っている人ならたくさんいましたが、「俺はこういうこととかめっちゃ知ってる知識人だ」とか「頭がいい」とか言う人はいませんでしたし、多分心の中でも、「自分は頭がいい」と思っている人はいないと思います。

東大生はみんな、「俺、こういうところ全然知らなくてさ」とか「私、この分野について知見がないんだ」と、**自分の知識がない部分に自覚的で、「知らない」ということに対して非常に謙虚**なんです。どんな人間でも、弱点やできないこと・知らないことやわからないことがあります。どんな人間でも物事を忘れるし、失敗するし、うまくいかないこともあります。それは東大生であってもほかの大学生であってもそうです。

でも、多くの人間は、自分の中の「バカ」に対して自覚的ではありません。自分が知らないことに対して、「その知識は別に、人生において役立たないよね」とか「無駄なことを知っている人がいるんだな」とか、そういう感想を抱いてしまった経験、あるのではないですか？

極意①
極意②
極意③
極意④
極意⑤
□解説
■ポイント
□ゲーム

ポイント⑮は、自分の中の「バカ」とうまく付き合うということです。知らないこと・できないことに対して自覚的になって、それを「自分のバカな部分だ」と認めることです。「これはいらない知識だから、これを知らなくてもバカじゃない」とか「これできなくても、これができるからいいや」とか、そういうことを考えてしまうと、それだけで学習意欲が下がって、結果自分にとってよくない場合が多いんです。

不思議なことに、東大に合格する人が多いような名門の高校って、受験以外の科目にもしっかり時間をかけて勉強を教えたり、受験で使わない科目もしっかり生徒に勉強させていることが多いです。逆に受験だけに特化したカリキュラムを作ると合格実績が下がるということがあるそう。「無駄な知識」とか「バカでもいいところ」なんて、本当は存在しないのです。**「バカ」を自覚して、「無駄だ」と思うところからも学ぶことをすれば、思考の幅が広がり、論理的思考力が鍛えられて成績が上がります。**

極意②で「レベルアップ」についてお話ししましたが、自分の「レベル1」の力をきちんと探しておきましょう。「レベル5」の力を見つけるよりも、実は「レベル1」の力を探すほうが大変です。でも、その「レベル1」の、自分の「バカ」を発見できれば、自分の弱点がわかるわけなので、そこを補強すれば自分の行動の幅を広げることができます。

または、別に補強しなくてもいいかもしれない。**自分の「バカ」を知っておくだけでも全然違います。**「俺は、ここに対する知見がないんだ」と謙虚に真摯に受け止めるからこそ、「もっと勉強しよう」とか「ここは他人に任せよう」とか、そういう行動を取れるようになります。合理的な判断が下せるようになるわけです。

自分の中の「バカ」とうまく付き合っていくことで、「大逆転」も可能です。「身の程知らず」では絶対に逆転できません。でも、自分の長所だけでなく短所も、「バカ」も自覚している人間というのは強い。「身の程」を知れば、「大逆転」だって夢じゃないのです。

僕は英語が苦手で、どうしようもなく苦手で、高校3年生の時に模試で3点でした。それとは向き合わないで東大を目指したので、現役の時も1浪の時も不合格になってしまいました。でも、「俺はマジで英語が超苦手なんだから、とにかく超苦手を苦手くらいにしよう」と2浪のときに思い立ち、「バカ」を自覚しながら勉強しました。すると、超苦手が苦手になり、苦手が普通くらいになって、他の科目の足を引っ張らないようになって合格することができました。

「敵を知り、己を知れば百戦危うからず」とは言いますが、**難しいのは「己を知る」の部分**です。でも、己を知れば、どんな敵とも戦えるようにはなります。自分の中の「バカ」に自覚的になってみてください！

ゲーム⑯

流行遡りゲーム

必要なもの：**パソコン・スマホ**
制限：**30分**
勝利条件：**変化の理由がわかればゲームクリア！**
こういう人にオススメ！：**分析能力や情報処理能力を高めたい人**

ポイント⑬で、「前」の文脈を知ろうというお話をしました。「逆転をするには、前の文脈を知ればいいんだ！」と。実はこの「前の文脈」を知ろうとする訓練を、みなさんはやったことがあるはず。この訓練は世界中どこでも、ずっと昔から行われているんです。

それは、「歴史学」です。「昔、こんなことが起こったんだよ！」「こういうことが起ったから、今の世の中はこんな風になっているんだよ！」ということを知るために、僕たちは世界史や日本史の授業を小中高ずっと受けていたわけです。

どれくらいまじめに勉強したかは人によってそれぞれでしょうが（ちなみに僕は結構不真面目でした）、その知識というのは絶対に役に立ちます。昔があるから今があるのですし、「今」から逆算して「昔」を知ることもできます。**「論理的」というのは、そういう「流れ」がしっかりしていて「理」にかなっている物事の考え方**です。「前」を知るということは、論理的に物事を考えることにつながるのです。

さて、そんな「前の文脈」を知るための訓練になるのがこのゲーム、「流行遡りゲーム」です。ルールは以下の通りです。

❶「今流行っているもの」を発見したらゲームスタート！

どんな分野でも構いませんので、「今流行のもの」を見つけたらゲーム開始です。漫画でも、音楽でも、電子機器でもイラストでもなんでも構いませんので、とにかく「今の流行り」ならなんでも構いません。

❷同じような分野で、過去に流行ったものを5つ調べる

漫画だったら過去に流行った同じような漫画を、音楽だったら同じジャンルの音楽を、5つ調べてみましょう。ネットで検索すればすぐに出てきます。「80年代のヒット曲」「90年代のヒット曲」「00年代のヒット曲」……という感じで5つ、できれば流行った順番に見つけてみましょう。

❸その5つに対して、「どうして流行りが変わったのか」を自分なりに答えが出せればゲームクリア！

ゲーム⑫の「変化サーチゲーム」と同じように、「変化の理由」を考えてみましょう。「どうしてこのスマホゲームは廃れて、このスマホゲームが流行るようになったのか？」「どうして今、またこういう漫画が流行っているのか？」とか、そういう「変化の理由」を見つけてみましょう。自分の中で答えが出て、それを言葉にできればゲームクリアです！

「いま」のトレンドや流行、ブーム、ヒット商品などの「前」。以前に流行していたりヒットしていたものを遡って調べてみて、移り変わった理由を考えてみるのです。

たとえば、僕も制作のお手伝いをしている『ドラゴン桜2』という漫画は、10年以上前に流行った『ドラゴン桜』の10年後の世界を描く受験漫画です。どうして「2」が出たのかというと、2020年の入試改革で大学入試が大幅に変化することが決定し、世の中が「次の入試にはどういう対策が必要なんだろう？」「大学入試ってこれからどうなるんだろう？」と入試に関心が高い人が増えたからこそ、「2」が発売されているわけです。

こんなふうに**世の中の変遷には必ず理由があり、「理由」に気付ける人間は、論理的な思考ができる人です。**そういう人は、「前」や「今」だけでなく、「次の未来」のことも理解できる。これから先のことも理解できるというわけです。このゲームを実践して、世の中の動きを知り、論理的な思考力を鍛えてみましょう！

ゲーム
⑰ おバカロールプレイング

必要なもの：**なし**

制限：**30分**

勝利条件：**「おバカ」をうまく利用してうまく質問できればゲームクリア！**

こういう人にオススメ！：**プライドが高くてうまく質問ができない人**
コミュニケーション能力を高めたい人

さて、「バカになろう！」とポイント⑮で申し上げましたが、どうでしょうかみなさん？「バカ」にはなれそうですか？　それこそ「バカなこと言うなよ」って感じだと思います。どうやって「バカ」になればいいんだよ、と。

そういう人のために、簡単にバカになる方法があります。それは、「質問する」ということです。たとえば「ここわかんないんですけど！」「今の説明、まったくわかんなかったです！」と表明することは「バカになる」ということにほかなりません。

そして、**質問するときに、変に「バカじゃない」フリをしてはいけません。**「こ、ここはわかったんですけど……」とか、「こういう話かな、と思ったんですけど……」と無理に知ったかぶると、「本当にわからないもの」がなんなのかわからなくなってしまいます。わからなかったら「俺、バカだからわかんないんすけど、今のってどういうことなんですか？」って聞いてしまえばいいのです。そのためのゲームがこちら、「おバカロールプレイング」です。

❶ 説明を聞いたり話を聞いているときにわからないことがあったらゲームスタート！

人と話している時やプレゼンを聞いている時に、わからないところが出てきたらスタートです。または、勉強したり本を読んだりしている時にわからなくなったときでも構いません。

❷ その「わからないこと」を、1回の質問でうまく聞き出せればゲームクリア！

どう聞くかは個人の自由ですが、うまく自分が知りたかったことが知れて、わからなかったところがわかればゲームクリアです。

たったこれだけのゲームですが、これで結構奥が深いのが「おバカロールプレイング」。このゲームの面白いところは、「わからないこと」の聞き方です。一番聞きやすいのは「すいません、バカだからなんにもわかんないです！　もっとわかりやすくここ説明して！」ですが、これだと自分のプライドが傷付いてしまいます。

しかし、「ここってこういうことですか?」と説明できるほど、毎回みなさんわかっているわけではありませんよね? 「この2つのどっちかの意味だと思うんですけど、どっちですか?」と聞ける場合ならいいですが、結構多くの場合そうはなりませんよね。「この2つのどっちか」までわからないことが多いわけです。

そういう場合、たとえば「ここの部分はわかったんですけどここの部分がわからないです!」と聞くのもアリですし、「僕この知識がないんでわかんないです!」と聞くのもいいです。要は、**自分が何がわかっていないかを提示する**わけです。

そうすると、相手も回答を提示しやすいです。「そういうことなら、こういうことですよ」と説明しやすいわけです。そして、このゲーム、人と話しているときにかなり多く引用できます。ちょっとした会話でも質問するのがうまくなるので、円滑なコミュニケーションができるようになるのです。

「聞くは一時の恥、聞かぬは一生の恥」と言います。コミュニケーションの超うまい人でもなければ、1回説明を聞いて100パーセントわかる、ということはあり得ません。5分も話を聞けば1つくらいわからないことがあるはずですし、どんな人でもそうなってしまうもの。

言葉は多様ですから、一つ言葉が違うだけで認識がずれたりわからなくなったりする、というのはよくある話です。そんな時は、思い切って「おバカロールプレイング」を実践してみましょう。そのほうが得られるものが絶対多いです。

「おバカ」もあまりバカにはできません。**頭が空っぽのほうが理解度が上がるとか、素人のほうがいい意見が出せるとか、そういうことは歴史的に見ても社会的に見てもかなり頻繁に発生すること**です。「おバカ」の力を活用して、どんどんレベルアップしましょう！

ゲーム
⑱ ビビリタイムゲーム

必要なもの：**パソコン、スマホ**

制限：**2時間**

勝利条件：**心配事がなくなるくらいビビればゲームクリア！**

こういう人にオススメ！：**心配性な人、緊張しやすい人**

みなさんは、今悩んでいることはありますか？　不安なことはありますか？　悩みがある状態ってとても辛いですよね。その悩みに心の容量が取られて、何もできなくなってしまいますよね。そういう状態だと、「なんであんなことやるって言っちゃったんだ」「もう何もしたくない」という気分になりがちです。

ポイント⑭で「プロビビりになれ！」とお話ししましたが、ビビりまくりすぎて、何にも手がつけられない状態になるのはよくありません。

人間、1つのことだけをして生きていけるわけではありませんから、それ以外のことに影響が出るくらいビビって何もできない状態になるのは避けなければなりません。そこでオススメなのは、「ビビりタイムゲーム」です。

ルールは以下の通りです。

❶ 心配事や悩み事がある時にゲームスタート！

「明日のプレゼンでミスったらどうしよう……」「次のテストで悪い点数だったらどうしよう……」と、どんな些細な悩みでもいいので、心配事が出てきたタイミングでゲーム開始です。

❷ 日曜日の夜に2時間、時間をとってその悩みを列挙する

また新しい1週間が始まる前、「日曜日の夜」ならば、来週1週間のことが俯瞰できるために、来週の悩みが現実性を帯びてきます。そういう時こそ「ビビり」の絶好のチャンスなんです。

❸ どうすればその悩みが解消するのかを考え2時間の間でできるだけ多くの準備をしてみる

「明日のプレゼン失敗するのが怖い」であれば「プレゼンの予行練習をしよう！」とか、「友達と喧嘩してしまい、仲直りできない」であれば「コミュニケーションを取ってみる」とか、そんなふうに悩みの解消方法を考えて、2時間という時間内でできる限り準備するのです。

❹ その心配事がなくなったらゲームクリア！

2時間の間で、徹底的にモグラ叩きのように悩みを潰していきます。そうやって悩みが1つもなくなったら、ゲームクリアです。

このゲームの重要なポイントは「2時間」というタイムリミットです。**たったの2時間で、全力で悩みの解消のために動くわけです。**悩みの厄介なところは、「考えると気分が落ち込むこと」です。しかもそれが、持続してしまうとよくない。うつな状態が続いてしまいがちだからです。

しかし、その場合でも「制限時間」が定められていて、その間に「全部の悩みを解消」

しなければならず、また「日曜日の夜」というもうすぐ1週間が始まるタイミングだったら、落ち込んでいる暇なくゲームに没頭できるのです。ポイント⑪でもお伝えした通り、「背水の陣」でゲームに臨むといつもよりもいい結果を出すことができます。このゲームは3重の「背水の陣」が敷いてあるわけです。

そして、それくらい**徹底的に不安になれば、ゲームオーバーになっても意外と「悩み」は持続しません。**「あんなに悩んだんだから、まあ大丈夫だろう」という気分になったりするのです。「悩み」というのは風船のようなもので、一度空気を抜けば解消される場合が多いです。きちんと長時間悩みまくれば、意外と空気が抜けて「なんであんなに悩んでいたんだっけ？」となるのです。

日曜の夜、2時間悩むだけで来週の心の状態が全然変わりますし、心配事の原因になる出来事が失敗しなくなります。全力で準備した記憶があれば、案外本番でも緊張しないものです。どんなに緊張する人でも、完璧な準備さえしていればゲームをクリアできます。ぜひ、このゲームで2時間めいいっぱいビビりまくってください！

ゲーム
⑲ 常識間違え探し

必要なもの：**パソコン・スマホ**
制限：**15〜30分**
勝利条件：**常識のウラ側を発見できればゲームクリア！**
こういう人にオススメ！：**頭の回転を早くしたい人**

実は飛行機はなぜ飛ぶのか、科学的な理由がわかっていないことはご存知ですか？　まあ、それっぽい説はたくさんあるそうなのですが、厳密にいうと科学的には証明できてはいないといわれています。

同じような話ですが、トマトジュースは実は赤くはないというのは知っていますか？　100パーセント天然のトマトジュースは、ちょっと赤みがかったオレンジ色になります。本当に100パーセント天然のトマトジュースを作ると、品種や収穫時期によって色が異なります。それなのに自分たちが飲むトマジュースが赤く見えるのは、「着色料」が使われているからです。赤くないとトマトジュースっぽく見えないから、本来のトマトジュースを赤く染色しているわけです。

ポイント⑬で「ウラ」を知るとゲームクリアが近づくという話をしましたが、「常識」というものは結構「ウラ」があるものです。**赤いと思っていたものが赤くなかったり、安全だと言われたものが安全じゃなかったり、正しいと思ったものが間違っていたり、そういうことは往々にしてよくあることだったりします。**

有史以来、「地球は平らだ」と思われていた時代のほうが長いですし、絶対にできないと言われたことが可能になることだってよくある話です。

一流の起業家たちはみんな、「常識を疑い、常識の裏側を読むことでイノベーションは生まれる」と話しています。東大の授業でも、「普段使っている何気ないこの言葉、実は平安時代から意味が3回変わっています」とか「東名高速道路の構造は、実はシステム工学的に言うとこういう工夫がされています」とか、そういう授業が多いです。

常識や、身の回りにあることから学ぶ、そのウラ側を見ようとするというのは思考力を高める訓練になるのです。

それを意図的に行うのが、「常識間違い探し」です。ルールは簡単。

❶ 通勤通学のタイミングや散歩するときなどに、時間を決めてゲームスタート！

どんなタイミングでも構いません。日常のふとしたタイミングで、15分とか30分とか時間を決めてゲーム開始です。

❷ とにかくなんでもいいから1つ、物事に疑問を持ってみる

「どうして赤信号が止まれなんだろうか？」とか「なんでこの時間だけ電車の本数が多いんだろうか？」とか、そうやって身の回りのものに対して疑問を持ってみましょう。

❸ その疑問をスマホやパソコンで調べて、「ウラ側」がわかったらゲームクリア！

「赤が科学的に『1番目立つ』とされているかららしい」「通勤通学で使う人が多くなるからみたいだ」など、頑張って疑問を解消してみましょう。ここまでで紹介した極意を積極的に実践して、人に聞いたり調べたりしてみるのです。

物事のウラ側を知ろうとするのはとっても意味のある行為です。たとえば、**ウラ側を見れば「誰か別の他人の存在」を知ることができます。**「ああ、電車が色や数字で分類されているのは、外国人にもわかりやすくするための配慮なのかな」「商品の横に卵や小麦のマークが付いていているのは、アレルギーの人に配慮しているんだな」とか。何気ない常識の裏側に、「他人」の存在が見えるわけです。

「ほかの誰かになれるということは、思考を深くすることにつながる」というのは極意③を通してお話ししたことですが、それがこのゲームで実践できるわけです。東大の入試問題では、「次の時刻表の中から人口10万人の都市の時刻表を答えなさい」とか、「シャッター通り商店街が近年、増えている理由を答えなさい」とか、そういう常識の裏側を問う問題がたくさん出題されています。

これらの問題で、「普段、どれくらい学ぶ姿勢を持っているか」を問うわけですね。そして、その姿勢がある人が結局、強い。このゲームを実践し続ければ、ゲームで大逆転勝利をおさめるような人間になれるというわけです。

ウラ側を知ることは、東大が求めるような思考力を鍛えて合理的・論理的な思考を可能にしてくれます。ぜひ実践してみてください！

あとがき

先日、とあるカードゲームの大会に参加してみました。カードゲーム友達2人とチームを組んで、前日まで入念に準備を重ねて臨み、そこそこいいところまで行ったのですが、負けてしまいました。

その大会には、いろんな人が参加していました。小学生も中学生も、大学生も社会人も、男性も女性も、さまざまな人が思い思いのゲームをプレイしていました。負けて悔しがる人もいっぱいいましたし、勝って喜ぶ人もいました。

でも、見ていると、やっぱり最終的には笑顔になるんですよね。仏頂顔して戦っていた対戦相手のお兄さんも、ゲームが終わると「あのプレイングすごかったですよね！」「あのとき、こういう風にしてたら負けなかったのに！」とか、ただ1回ゲームしただけなのにすごく親しげに話してくれる。こっぴどく負けた人でも、「もうゲームなんかやるか！」

とは言わないで、「次どうすれば勝てるんだろう？」と真剣に考えている。そして、それに対して誰かがアドバイスする。「こうやったら勝てるんじゃない？」「こうすれば次はいけるよ！」と。誰もがゲームを楽しんで、次のゲームを求めて熱狂していきます。

僕は、ゲームの本質ってこういうことだと思うんです。楽しいからみんな笑顔になって、楽しいから真剣になって、楽しいから切磋琢磨する。そうやってゲームをプレイするから、次のゲームも楽しみになる。だからこそ、ずっと続けられる。

だから僕が最後にお話ししたいのは、この「東大式習慣」を楽しんでほしいということです。

効率的な習慣を身につけるための「東大式習慣」ではありますが、楽しんだほうが断然トクです。楽しいから続けられるというのは誰しも経験があるはず。

どこに楽しさを感じるかは人それぞれです。レベルアップに楽しさを感じる人もいれば、ウラ技でラクすることに楽しさを感じる人も、キャラクターをうまく使うことに楽しさを感じる人もいるでしょう。そのどれでもいいのです。

これからＡＩの時代が来るといわれ、世の中ではそのための準備が進んでいますね。無人のコンビニができたり、無人自動車が作られたり、学業の分野では２０２０年入試改革が起こったり……。でも、そんな中でＡＩに絶対にできないことは「楽しむこと」です。楽しく学んだり、楽しく仕事したり、楽しくゲームすることは、ＡＩには絶対にできません。なぜなら機械には「楽しむ」は意味がないから。「楽しい」からといって効率は上がらないからです。

人間は違います。人間は、「楽しい」ほうがすぐ強くなれますし、効率がよくなります。「情熱は論理を凌駕する」と言いますが、まさにそういうこと。ＡＩは入力に対しては出力できますが、人間はそのワンランク上、「楽しん」で行動できる。そうやって情動をエネルギーにして行動するからこそ、論理以上の結果を、入力以上の出力を発揮することができるわけです。

「好きこそ物の上手なれ」。好きなもののほうが楽しいほうが潜在能力を発揮できる。それが人間の強みなのです。だからこそみなさん、「東大式習慣」を楽しんでください。「東大式習慣」で、より自分が楽しめるゲームを、習慣を生み出すことができれば、ゲームクリアです。

みなさんがゲームクリアできることを祈っています！

２０１８年６月　西岡壱誠

西岡壱誠

東京大学3年生。東大輩出者ゼロの無名校のビリ（元偏差値35）だったが、2浪してなんとか合格。入学後、自身とは違い、生まれながらにして頭のいい「ナチュラルボーン東大生」の思考力の高さに圧倒されるも、「ゲーム」を駆使した独自の習慣を開発し、今度は周囲の東大生を圧倒。限られた条件のなかでラクして高い成果を出すための効率化に、さらに磨きをかけたことで大学の内外を問わず、活躍の場を広げる。東大内のさまざまな学生団体のリーダーを掛け持ちする傍ら、自らもいくつも学生団体の立ち上げを行っている。東大"試験対策委員会委員長"として東大の学内試験の対策を日夜考えているほか、1973年から続く東大書評誌『ひろば』の編集長も務める。また、人気漫画『ドラゴン桜2』（講談社）に情報提供を行なう「ドラゴン桜2 東大生プロジェクト『東龍門』」のプロジェクトリーダーを務め、受験や学習全般に関してさまざまな調査・情報提供を行なっている。趣味はもちろんゲーム。スマホゲーム・カードゲーム・PCゲーム・ボードゲーム、なんでも好き。対戦系のゲームも大好きだが、腕前はイマイチ。著書に『現役東大生が教える「ゲーム式」暗記術』『読むだけで点数が上がる！ 東大生が教えるずるいテスト術』（ともにダイヤモンド社）、『現役東大生が教える 東大のへんな問題 解き方のコツ』(日本能率協会マネジメントセンター)、『「読む力」と「地頭力」がいっきに身につく 東大読書』(東洋経済新報社)がある。

著者エージェント／アップルシード・エージェンシー（http://www.appleseed.co.jp/）

東大式習慣
「ゲーム化」でラクラク身につく〈最強の効率術〉

発行日　2018年7月20日　初版第1刷発行

著　　者　西岡壱誠
発 行 者　久保田榮一
発 行 所　株式会社 扶桑社
〒105-8070
東京都港区芝浦1-1-1　浜松町ビルディング
電話 03-6368-8875（編集）
03-6368-8891（郵便室）
www.fusosha.co.jp
装　　丁　ニシハラ・ヤスヒロ（UNITED GRAPHICS）
印刷・製本　サンケイ総合印刷株式会社

Printed in Japan
ISBN 978-4-594-08005-1